AF186124

ISABEL ANDERSON (Hg.)
Die Zwölf Heiligen Nächte

Isabel Anderson (Hg.)

Die Zwölf Heiligen Nächte

VERLAG FÜR ANTHROPOSOPHIE

14. Auflage 2025

Einbandgestaltung: Gabriela de Carvalho

© 2000 Verlag für Anthroposophie
CH-4143 Dornach
Satz: Heiko Hanekop
Herstellung: CPI

ISBN 978-3-03769-013-0

*I*NHALT

Weihnachten

Das Traumlied des Olav Aasteson

Die Heiligkeit des Schlafs

DIE SIEBEN TAGE DER WOCHE. ENTSPRECHUNGEN

DIE ZWÖLF HEILIGEN TAGE UND NÄCHTE VOM 25. DEZEMBER BIS ZUM 5. JANUAR ENTSPRECHUNGEN

EPIPHANIE, DIE HEILIGEN DREI KÖNIGE

VORWORT

Weihnachten – schon der Name weist darauf hin, daß man früher dieses Fest nicht an *einem* Fest*tag* beging, sondern in einer Festeszeit, in *mehreren* Weihe*nächten:* im Mittelhochdeutschen hießen diese «ze den wihen nahten», die heiligen Nächte – ein Ausdruck, der auf die Epoche hinweist, in der ein Tag empfindungsmäßig am Vorabend bei Sonnenuntergang begann, weshalb man die Zeit nach *Nächten* zählte (englisch *fortnight* bedeutet noch heute *vierzehn Tage*).

Die Zeit, die sich zwischen den Jahren, dem Mondjahr mit zwölf Mondmonaten und 354 Tagen, und dem Sonnenjahr mit 365 Tagen, erstreckt, also vom 24. Dezember bis zum 5. Januar, wurde in vorchristlicher Zeit von verschiedenen Völkern gefeiert; den Ausgangspunkt dieser mit uraltem, reichem Brauchtum erfüllten, dem Sieg des Sonnenwesens geweihten Nächte und Tage bildete die Wintersonnenwende. Die beiden kirchlich angeordneten Feiertage für die irdische Geburt des Jesuskindes am 25. Dezember (seit dem vierten Jahrhundert) und Epiphanias am 6. Januar knüpften daran an.

9

Daß in der Gegenwart der Weg durch die zwölf heiligen Nächte nicht mehr so, wie man dies im Mittelalter gepflegt hat, begangen werden kann, ergibt sich von selbst durch die andere Gemüts- und Bewußtseinsverfassung. Es wird jeder Zeitgenosse den «Weg durch die zwölf heiligen Nächte» auf eine ihm gemäße Weise begehen wollen. Dieses Buch soll ein Vademekum, ein «Geh mit mir» sein für solche Zeitgenossen, die diese besonderen Nächte und Tage nicht besinnungslos vertreiben, sondern sie nutzen wollen zur «mystischen Vertiefung»: weil dafür keine Jahreszeit der Seele so günstig gestimmt ist wie diese.

EINSTIMMUNG

ZUR MYSTISCHEN VERTIEFUNG

«Wieder ... stehen sie da, diese zwölf heiligen Nächte, wie aus den verborgenen weisen Seelentiefen der Menschheit festgesetzt, wie wenn sie sagen wollten: Empfindet alle Tiefe des Christfestes; aber versenkt euch dann während der zwölf heiligen Nächte in die heiligsten Geheimnisse des Kosmos! – Das heißt in das Land des Universums, aus dem der Christus heruntergezogen ist auf die Erde.»

Rudolf Steiner, 21. Dezember 1911

Ein Weg durch die zwölf heiligen Nächte

Sergej O. Prokofieff

Als erstes weist ihre Anzahl, zwölf – von der Bedeutung der dreizehnten Nacht wird an entsprechender Stelle gesprochen werden –, auf ihren Zusammenhang mit dem Jahreskreislauf im ganzen hin und durch ihn mit dem unsere Erde umgebenden Kosmos. Wir können auch sagen: Die kosmischen Mächte, welche den Gang des Jahres der Reihe nach im Lauf der zwölf Monate lenken, wirken einmal im Jahr, in der Zeit vom 25. Dezember bis zum 6. Januar, so, daß die zwischen ihnen liegenden Tage und Nächte ihrem geistigen Gehalt nach gleichsam zu einem konzentrierten Abbild jener Kräfte werden, die den Jahreskreislauf aus dem Makrokosmos heraus gestalten. Rudolf Steiner nennt diese Kräfte: «die zwölf heiligen Kräfte des Universums …, die symbolisch dargestellt sind in den zwölf Zeichen des Tierkreises» oder «die zwölf universellen Kräfte des Kosmos», und er weist darauf hin, daß «die zwölf heiligen Nächte dastehen zwischen dem Christfest und dem Fest, das am

13

6. Januar gefeiert sein sollte», um sich in diese Kräfte zu versenken (21. 12. 1911).

Schon die äußere Lage dieser Tage innerhalb des Jahreskreislaufs – in der Wintermitte, der Zeit der größten Wachheit des Erdengeistes in seinem Planetenleib – zeugt von ihrer Bedeutung für das gesamte Leben des Jahres. Denn im Winter, ganz besonders während der zwei Wochen nach der Wintersonnenwende, *erinnert* die Erde am stärksten das, was sie im Lauf des Sommers in den kosmischen Fernen, in der Welt der Planeten, vor allem aber in der Fixsternwelt erlebt hat. Und wenn Seele und Geist der Erde während des Sommers in den Weltenfernen weilen – geistig gesprochen im Schoße der höheren Hierarchien –, gibt die Erde im Winter, besonders aber während der zwölf heiligen Nächte, den höheren Hierarchien durch ihre Gedanken-Erinnerungen die Möglichkeit, übersinnlich in ihrer Sphäre anwesend zu sein und zu wirken.

Gleichsam große kosmische Tore öffnen sich zu dieser Jahreszeit am Himmel. Und während die geistige Sonne in der Finsternis der Winternacht aufleuchtet, eröffnet sich dem Menschen die Möglichkeit, auf eine in ihrer Art einmalige Weise in den hierarchischen Kosmos, in das Weltenwirken der unsere Erde führenden höheren Hierarchien zu schauen (27. 6. 1924) …

Gleich zwei majestätischen Säulen erheben sich die zwei winterlichen Feste von Weihnachten und Epiphanias in dem Tempel des Jahres, die Feste, die auf die Geburt des Menschen und die Geburt des Gottes in der Erdensphäre hinweisen: die Geburt des Ur-Menschen Jesus von Nazareth und die darauf in seinen Hüllen erfolgende Geburt des höchsten Geistes unseres Kosmos, des Gottessohnes, des Christus.

Und zwischen diesen zwei Festen erstrecken sich – wie eine mächtige kosmische Leiter – die zwölf heiligen Nächte als zwölf aufsteigende Stufen des Weltbewußtseins, welche die Menschheit mit der Sphäre der höchsten kosmischen Geistigkeit verbinden.

«Von Jesus zu Christus» – mit diesen wenigen Worten kann die ganze Bedeutung dieses großen Überganges oder Aufstiegs beschrieben werden, der von der Menschenstufe durch die neun Stufen der Wesenheiten der geistigen Hierarchien, welche die Entwicklung unserer Erde lenken, zu den höchsten Stufen des Heiligen Geistes und des Gottessohnes, des Christus, führt, soweit sich ihr Wirken in den Grenzen unseres Kosmos, das heißt in den Grenzen der ihn umfassenden Tierkreissphäre offenbart.

In diesem Sinne kann der Weg von Weihnachten bis Epiphanias auch für uns zu einem Aufstieg in das große «Land des Universums» werden, «aus dem der Christus heruntergezogen ist auf die Erde», zu einem Weg, der uns im Laufe der zwölf heiligen Nächte durch alle zwölf Regionen der Sternenwelt führt, vom Bereich der Fische,

15

welche den Ursprung des Menschseins bewahren, bis zu der Sphäre des Widder, durch dessen Tor der Christus einst aus der höchsten makrokosmischen, jenseits des Tierkreises liegenden Vatersphäre in unseren Kosmos eintrat.

Aus: Sergej O. Prokofieff, Die zwölf heiligen Nächte und die geistigen Hierarchien, 6. Aufl. Dornach 1996, S. 7f. und 13.

WEIHNACHT

Rudolf Steiner

In des Menschen Seelengründen
Lebt die Geistes-Sonne siegessicher;
Des Gemütes rechte Kräfte,
Sie vermögen sie zu ahnen
In des Innern Winterleben,
Und des Herzens Hoffnungstrieb:
Er erschaut den Sonnen-Geistes-Sieg
In dem Weihnacht-Segenslichte,
Als dem Sinnbild höchsten Lebens
In des Winters tiefer Nacht.

Christabend 1913 (in: GA 40)

«DANN WIRD DER GEIST IN UNS LEBEN ...»

Rudolf Steiner

Schauen wir uns die heutige materialistische Welt an mit ihrem Getriebe, wie die Menschen hasten und treiben vom Morgen bis zum Abend, und wie sie alles beurteilen im Sinne des materialistischen Nutzens, nach dem Maßstabe des äußeren physischen Planes, wie sie gar nicht ahnen, daß hinter allem der Geist lebt und webt. Die Menschen schlafen des Abends ein, ahnungslos gegenüber etwas anderem, als daß sie glauben, sie seien eben ohne Bewußtsein, und daß sie morgens wiederum aufwachen in das Bewußtsein des physischen Planes hinein. Ahnungslos schläft der Mensch ein, nachdem er am Tage gehastet und gearbeitet hat, ohne sich aufzuklären über den Sinn des Lebens. Wenn der nach spiritueller Erkenntnis Strebende aufgenommen hat die Worte des Geistes, dann weiß er etwas, was nicht bloß Theorie und Lehre ist. Er weiß etwas, was ihm Seelenlicht und Seelenwärme gibt, er weiß: Würdest du am Tage nur aufnehmen die Vorstellungen des

18

physischen Lebens, du würdest vertrocknen. Öde wäre dein ganzes Leben, ersterben würde alles, was du gewinnst, wenn du nur die Vorstellungen des physischen Planes hättest. Wenn du dich abends zum Schlummer hinlegst, gehst du hinein in eine Welt des Geistes, tauchst unter mit allen deinen Seelenkräften in eine Welt von höheren geistigen Wesenheiten, zu denen du mit deinem Sein hinaufwachsen sollst. Und indem du morgens aufwachst, kommst du neu gestärkt heraus aus einer geistigen Welt und gießest über das, was du aus dem physischen Plan empfängst, göttlich-geistiges Leben aus, ob bewußt oder unbewußt. Aus dem Ewigen verjüngst du selber das Zeitliche deines Daseins an jedem Morgen.

Wenn wir das Wort des Geistes so verwandeln in das Gefühl, das wir an jedem Abend haben können: Ich gehe nicht bloß in die Bewußtlosigkeit, sondern ich tauche ein in die Welt, wo die Wesen des Ewigen sind, denen meine eigene Wesenheit angehören soll. Ich schlafe ein mit dem Gefühl: Hinein in die geistige Welt! – und ich erwache mit dem Gefühl: Heraus aus dem Geist – dann durchdringen wir uns mit jenem Gefühl, in das sich verwandeln soll das Wort des Geistes, das wir hier in einem der spirituellen Erkenntnis gewidmeten Leben aufgenommen haben, von Tag zu Tag, von Woche zu Woche. Dann wird der Geist in uns Leben, dann wachen wir anders auf und schlafen anders ein …

Wenn das äußere Leben für die äußeren Sinne nach und nach unsichtbar wird, wenn die Herbsteswehmut in unsere Seele schleicht, folgt die Seele dem Geiste in das tote Gestein, um daraus herauszuziehen jene Kräfte, die im Frühling die Erde mit neuen Sinnesorganen für den Weltengeist bedecken.

So fühlten diejenigen Menschen, die den Geist im Geiste erfaßten, ihr Mitgehen mit dem Weltengeist, ihr Mitgehen mit dem Samenkorn hinunter im Winter. Wenn die äußere Sonne am wenigsten Kraft hat, am wenigsten leuchtet, wenn die äußere Finsternis am stärksten ist, fühlt sich der Geist in uns durch den Geist aus dem Weltenall, mit dem er sich verbunden hat, unten verbunden hat, mit jenen Kräften vereinigt, die am deutlichsten wahrnehmbar und sichtbar werden, indem sie das Samenkorn einem neuen Dasein zuführen.

So leben wir uns gleichsam mit der Kraft des Samens wörtlich in die Erde hinein, durchdringen die Erde. Während wir uns zur Sommerszeit dem leuchtenden Luftkreis zugewendet haben, den sprießenden und sprossenden Früchten der Erde, wenden wir uns nun zu dem toten Gestein, wissen aber jetzt: In diesem toten Gestein ruht das, was wiederum als äußeres Dasein erscheinen soll. – Wir folgen mit unserer eigenen Seele im Geiste der sprießenden, sprossenden Kraft, die sich entzieht dem äußeren Anblick und ganz in den Stein hinein verborgen wird durch die Winterzeit hin. Und wenn diese Winterzeit an ihrer Mitte angekommen ist, wenn die stärkste Dunkelheit herrscht, dann fühlen wir gerade dadurch, daß uns die Außenwelt nicht abhält, uns mit dem Geiste verbunden zu fühlen, wie in den Tiefen, in die wir uns zurückgezogen haben, das Geisteslicht ersprießt, jenes Geisteslicht, für das der Menschheit den gewaltigsten Impuls der Christus Jesus gegeben hat. Da fühlen wir nach, was die Menschen empfunden haben zu alten Zeiten, die davon sprachen, daß sie heruntersteigen müssen da, wo das Samenkorn im Winter ruht, um den Geist in seinen verborgenen Kräften zu erkennen. Da fühlen wir, daß wir den Christus im Verborgenen zu suchen haben, in jenem Verborgenen, das dunkel und finster ist, wenn wir uns in der Seele nicht selber erst erleuchtet haben, das aber hell und leuchtend wird, wenn wir das Christus-Licht in der Seele aufgenommen haben. Da finden wir, daß wir uns in jeder Weihnacht stärken und kräftigen durch jenen Impuls, der durch das Mysterium von Golgatha in die Menschheit hineingedrungen ist …

> Die Sonne schaue
> Um mitternächtige Stunde.
> Mit Steinen baue
> Im lebenlosen Grunde.

21

So finde im Niedergang
Und in des Todes Nacht
Der Schöpfung neuen Anfang,
Des Morgens junge Macht.

Die Höhen laß offenbaren
Der Götter ewiges Wort,
Die Tiefen sollen bewahren
Den friedensvollen Hort.

Im Dunkel lebend
Erschaffe eine Sonne,
Im Stoffe webend
Erkenne Geistes Wonne.

Aus: Rudolf Steiner, Der Weihnachtsbaum – ein Symbolum, Vortrag
vom 21. Dezember 1909, in GA 117

SONNENWENDE

Rudolf Steiner

Es schläft der Erde Seele
In Sommers heißer Zeit,
Da strahlet helle
Der Sonne Spiegel
Im äußeren Raum.

Es wacht der Erde Seele
In Winters kalter Zeit,
Da leuchtet geistig
Die wahre Sonne
Im innern Sein.

Sommers-Freude-Tag
Ist Erdenschlaf.
Winter-Weihe-Nacht
Ist Erden-Tag.

Rudolf Steiner, Weihnachten 1920 (in: GA 40)

Die *T*agesnamen vom 24. Dezember bis zum 6. Januar

Dezember

24. *Adam und Eva.* Fest des Weihnachtsabends. Erimina. Senoch. Venerandus. Beginn der 13 Tage, die mystischer Vertiefung besonders fruchtbar sind und am 6. Januar endigen. 1524 Vasco da Gama gest.

25. *Jesu Geburtsfest.* Anastasia. 496 Taufe Chlodwigs. 799 Karl der Große in Rom zum König gekrönt. 1642 Newton geb.

26. Stephanus (der «erste Märtyrer»). Zosimus.

27. Fabiola. *Johannes* (der Verfasser des Joh.-Ev.). 1571 Kepler geb.

28. Gedenktag der von Herodes gemordeten Kinder. 1455 Reuchlin geb. 1908 Erdbeben von Messina.

29. Ebrulfus. Jonathan (Freund Davids). *Nathan* (Prophet). Trophimus (christl. Lehrer zur Zeit des Decius). 1834 Malthus, der Nationalökonom, gest.

30. Ascolus. *David* (der König in Israel). Rainer. Roger.

31. Meliane. Sylvester I. 1384 J. Wicleff gest.

JANUAR

1. Mittwoch Beginn des Jahres 1913. *Jesus Christus* (-Fest). Martina. Odilo (als Cluniazenserabt für klösterliche Strenge im 10. Jahrh. tätig). 1484 Ulrich Zwingli geb.
2. Abel, Seth (Adams Söhne). Makarius (Einsiedler). Melchior (einer der heil. 3 Könige). Theodorus (im 4. Jahrh. für das Christentum bei den Goten tätig). 1801 Lavater gest.
3. Antherus. Caspar (einer der heil. 3 Könige). *Enoch* (der Vater des Methusalah). Genovefa (berühmte christl. Fromme, die im 6. Jahrh. in Frankreich lebte). Daniel. 1865 wird in Nordamerika die Sklaverei aufgehoben.
4. Balthasar (einer der heil. 3 Könige). Felix. Loth (der Bruder Abrahams). Methusalah (starb kurz vor der Sintflut, wie die Legende berichtet im 969. Lebensjahr. Titus. Isabella. 1785 Jakob Grimm geb. 1786 Mos. Mendelssohn gest. 1849 Stenograph Gabelsberger gest.
5. Simeon (Säulenheiliger in Antiochien im 5. Jahrh.). Simeon der Jüngere (ebenfalls Säulenheiliger des 7. Jahrh.). Telephorus. 1596 Francis Drake gest. 1643 Newton geb.
6. *Das Fest der Erscheinung Christi* (Epiphanias). Heil. 3 Könige. 1412 Jeanne d'Arc geb. 1822 Schliemann geb.

Aus: Kalendarium 1912/13 von Rudolf Steiners «Seelenkalender»

VOLKSTÜMLICHES

*A*DAM UND *E*VA
ODER DAS PARADEISSPIEL

Karl Julius Schröer

So wie die Vordernberger neben dem Christi-Geburt-Spiel auch ein Paradeisspiel besitzen, so lassen die Oberuferer jeder Aufführung ihres Weihnachtspiels unmittelbar die des Paradeisspiels folgen …

Von einer Bühne und prachtvollen Ausstattung darf hier nicht die Rede sein. Das Paradies wird durch nichts vergegenwärtigt als durch den schönen grünen Baum, behängt mit Äpfeln und geschmückt mit seidenen Bändern, womit die Beziehung des Baumes des Paradieses zu dem vielleicht schon im Heidentum üblichen norddeutschen Weihnachtsbaum angedeutet scheint, so wie Sündenfall und Erlösung unmittelbar nebeneinander dargestellt werden und schon im Kalender der 24. Dezember zugleich die Namen Adam und Eva trägt.

Aus Adams Grabe, sagt die Legende, wuchs ein Baum, aus einem Reis vom Baum des Lebens, von dem Christus

29

die Frucht der Erlösung brach. Aus diesem Baum ward das Kreuz gemacht, an welchem der Heiland hing. Die Darstellung des Christuskindes, das auf dem Kreuze schläft, rückt seinen Tod und seine Geburt nahe zusammen.

Alles dies gibt dem Christbaum, unter dessen Zweigen im Kripplein das Jesuskind liegt, auch im christlichen Sinne Bedeutsamkeit. Von dem Baum des Lebens auf dem Grabe Adams, durch den der Menschheit nach 5000 Jahren Erlösung werden soll, ist in der ältern deutschen Poesie häufig die Rede, ebenso vom Holz des Kreuzesbaumes.

Daß in Ungarn der Christbaum nur «in den hohen Familien» brennt, ist nicht richtig. Wir haben auch einen Bürgerstand, der den Christbaum vielleicht früher pflegte als die «hohen Familien». Vielleicht, daß der freudige Aufputz des Paradiesbaums in unserem Spiel, das doch das Weihnachtsfest feiern soll, andeuten will: der Baum der Erkenntnis, der uns den Tod gebracht, habe sich heute durch Christi Geburt in den Baum des Lebens verwandelt. Ein ähnlicher Gedanke hat den biblischen Vers 1. Mos. 3,23 («Und Gott der Herr sprach: siehe, Adam ist worden als unsereiner und weiß, was gut und böse ist. Nun aber, daß er nicht ausstrecke seine Hand und breche von dem Baum des Lebens und esse und lebe ewiglich» und so weiter) am Schluß des Oberuferer Paradeisspiels merkwürdig umgedreht. Gott spricht nämlich zur Schlange:

Sieh hier, wie ist Adam worden so reich:
einem Gotte ist er worden gleich,
er weiß das bös und auch das gut
da er sein händ aufheben tut
und lebet danach ewiglich.

Das Oberuferer Paradeisspiel läßt den «Altkünig» ganz in unverändertem Kostüm, das er im vorhergehenden Spiele trug, das Schwert an der Seite, die Rolle des Herr Gott sprechen.

Das Spiel beginnt mit einem Gesang, dem ein Prolog des Engels folgt, der vielleicht ursprünglich aus dem Weihnachtsspiel herübergenommen und diesem Paradeisspiel angepaßt ist. Dann folgt wieder ein Gesang über die Erschaffung der Welt. Unmittelbar darauf beginnt Herr Gott: «Adâm, nim an den lebendigen Atem …» Bei diesen Worten, womit eigentlich das Spiel beginnt, sitzt Herr Gott auf einem Stuhl, vor ihm kniet, das Haupt in Gottes Schoße bergend, der noch ungeschaffene Adam. Dieser wird immer vom König Caspar des Weihnachtspiels dargestellt, doch nicht in dem ganzen Kostüm. Er trägt nur den gelben hemdeartigen bis auf den Boden in Falten niederfallenden Rock; Haupt und Hals sind bloß. Eva, die sich, solange sie noch ungeschaffen ist, hinter dem Baum verbirgt, hat die weiße Nonnentracht Marias, jedoch ohne Krone. Sobald Adam erschaffen ist, steht er auf.

Gott zeigt nun Adam die Herrlichkeiten des Paradieses, übergibt ihm alles und verbietet den Baum der Erkenntnis. Ebenmäßig fließen hier die Verse fort, und der Gang der Erzählung folgt der Heiligen Schrift.

Nun erst folgt die Rede, in welcher Herr Gott aus Adams Rippe die Eva schafft. Ein bezüglicher Gesang geht ihr voraus. Eva tritt vor, und Herr Gott übergibt sie Adam, der ihr nun die Herrlichkeiten des Paradieses weiset und von dem verbotenen Baume sagt.

Nur eines, was hauptsächlich die Aufführung angeht, ist noch zu erwähnen. Bei den Worten «Engel Gabriel, wo bist? komm her zu mir!» zieht Herr Gott das Schwert und übergibt es dem Engel, der Adam und Eva aus dem Paradiese weist. Daß der Engel mit dem Schwert das Paar aus dem Paradies treibt, ist eigentlich nicht biblisch (vgl. 1. Mos. 3, 23). Ein Engel mit dem Schwert bewacht nur den Baum des Lebens (1. Mos. 3, 24) …

Als nun aber der Teufel «Rach und Zeter» schreit über Adam und Eva, ihnen eine Kette überwirft und sie zusammenbindet, da springt Herr Gott auf, stampft mit dem Fuße und spricht: «Pack dich weg, Satan, du Hellenhund!» Die Geschwindigkeit, mit der sich der Teufel entfernt, währenddem die Ketten fallen, und das kräftige Auftreten des Altkünigs in seiner erhabenen Rolle machen diese Szene höchst wirksam …

K. J. Schröer über «Deutsche Weihnachtsspiele aus Ungarn» (1858)

WEIHNACHTEN

Mitten in der dunkelsten Zeit des Jahres, wenn Winternot und Wintertod über dem Lande liegen und hoch oben im Norden die Sonne ganz vom «Wolf verschlungen» ist, leuchtet die *Weihnachtsnacht*. Für wenige Stunden tut sich nach dem Volksglauben eine Welt auf, die dem Sterblichen sonst verschlossen ist: Die Berge öffnen ihre Edelsteinpracht, aus den Gewässern tönt der Klang längst versunkener Glocken, aus den Meerestiefen schimmern vergangene Schlösser und Städte herauf, und mitten im Schnee erblüht ein zarter Frühling; Apfelbäume tragen in einer Stunde Knospen, Blüten und Früchte, die Sonne macht um Mitternacht drei Freudensprünge, und wer ohne Sünde ist, kann die Sprache der Tiere verstehen.

Erst seit dem 4. Jahrhundert feiert die Christenheit Weihnachten am 25. Dezember. Vorher war es nicht das Geburtsfest Christi, sondern der Tag seiner Taufe, den man am 6. Januar feierte. Die Kirche richtete Weihnachten wohl am 25. Dezember ein, da dieser Tag den Ägyptern, Syrern, Griechen und Römern als Geburtstag des sol invictus, ihres «unbesiegten Sonnengottes», heilig war.

33

Auch der persische Lichtgott Mithras hatte am 25. Dezember seinen Geburtstag. So bedurfte es nur der Bedeutungsumwandlung dieses Tages.

Bis heute hat das Weihnachtsfest neben antiken und frühchristlichen auch starke Spuren heimatlichen Brauchtums und Glaubens bewahrt. Aber immer war es ein fröhliches Fest, das die dunkle, bange Winterszeit unterbrach.

Im Mittelalter sang Tannhäuser:

> Gegen diesen wînahten
> solden wir ein gemehlîchez trahten,
> wir swigen al ze lange.
> Nu volget mir, ich kan uns vröude machen.
> Ich singe wol ze tanze.

Zum ersten Mal taucht das Wort Weihnachten bei dem mittelhochdeutschen Spruchdichter Spervogel um 1170 als «wînahten» auf. Christkind und Bescherung schenkte der Protestantismus dem Weihnachtsfest. Vorher hatte St. Nikolaus den Kindern die Gaben gebracht. Im 16. Jahrhundert noch schickte das Christkind den artigen Kindern seine Geschenke in einem Beutel ins Haus. Eine solche Christbürde mußte fünferlei Dinge enthalten: Spielzeug, Näscherei, ein Geldstück, ein Kleidungsstück und Schulgegenstände, die man kurz Scholastika nannte. Erst als die Christkindgaben immer üppiger wurden und nicht mehr in die Christbürde hineinpaßten, legte man sie auf einen

Gabentisch und vergaß auch die Rute nicht, damit die Furcht vor Rutenstrafe bei der Erziehung immer ein bißchen mithelfen sollte. Die älteste bekannte Christbescherung wird aus dem Jahre 1584 berichtet.

Die schönen Sachen für den Gabentisch kaufte man früher nur auf den Weihnachtsmärkten, die in Berlin, Hamburg, Leipzig, Magdeburg, Köln und Frankfurt große Berühmtheit erlangten. In Hamburg nannte man den Weihnachtsmarkt «Dom», weil die Buden und Stände ursprünglich auf dem Friedhof, im Kreuzgang und in der Vorhalle des Gotteshauses standen. Der Name «Dom» ist dem Hamburger Markt bis heute geblieben, wenn auch der Platz längst verlegt wurde und ein richtiger Jahrmarkt daraus geworden ist. Es gab auch ausgesprochene Spezial-Weihnachtsmärkte, so den Münchner Kripperlmarkt, auf dem nur Krippen und Einzelfiguren verkauft, und den alten Dresdner Striezlmarkt, auf dem ausschließlich Christstollen angeboten wurden.

Die Christstollen sind überhaupt das berühmteste Weihnachtsgebäck. Sie heißen auch Stutenbrot oder Striezl und stammen aus den klassischen Heimatländern dieser süßen Bäckerei, Sachsen und Thüringen. Seit fünfhundert Jahren ist hier von Stollen bzw. von der älteren Bezeichnung Striezl die Rede, und schon 1474 sind sie urkundlich als Christbrot erwähnt und waren auch damals schon ein lohnendes Handelsobjekt.

Nicht weniger alt ist der Nürnberger Lebkuchen, von dem schon aus dem Jahre 1330 berichtet wird. Wahrscheinlich sind Mönche die Erfinder des Lebkuchens. Zunächst war dieses Gebäck, zu dem man die notwendigen Gewürze aus dem spezereienreichen Venedig bezog, wohl als verdauungsförderndes Mittel gedacht. Sehr bald aber waren sie als Leckerei begehrt. Man formte sie, zuerst mit der Hand, später mit Formen aus Buchsbaumholz, und klebte ihnen manchmal noch Verslein obenauf. Der älteste erhaltene Spruch dieser Art stammt aus dem Jahre 1562 und lautet: «Desgleichen so nimm auch von mir hin diese Stücklein Läpkuchen gut.»

Der Gabentisch, die Bescherung – für Kinder allerdings wohl seit eh und je Mittelpunkt des Weihnachtsfestes –, ist heute ohne den kerzenschimmernden Tannenbaum nicht zu denken. Er erscheint uns geradezu als Symbol der Weihnacht. Kein anderer deutscher Brauch hat in der weiten Welt eine solche Verbreitung gefunden.

Dabei wußte das 17. Jahrhundert noch nichts von dieser Sitte. Die Krippe stand im Mittelpunkt der Weihnachtsfeier, seitdem Franz von Assisi im Jahre 1223 im Walde von Greccia in den Alverner Bergen seine erste, berühmt gewordene Krippenfeier abhielt. Aus den ursprünglich einfachen und primitiven Krippen wurden im Laufe der Zeit köstliche Kunstwerke. Das 18. Jahrhundert trieb prunkvollsten Aufwand. Die Krippenfiguren wurden schon früh lebendig. Schon aus dem 11. Jahrhundert gibt es ausführliche Darstellungen über «Krippenspiele». Vor allem in Bayern, Ungarn und Österreich betrieb man das Krippenschnitzen. Sehr bald wanderte die Weihnachtskrippe aus den Kirchen in das häusliche Weihnachtszimmer, das man schon seit altersher mit grünenden oder blühenden Zweigen, die man zu Barbara geschnitten hatte, schmückte. Angelus Silesius, der 1677 starb, nannte Weihnachten noch die Maienzeit.

Die frühesten Zeugnisse des Weihnachtsbaumes kommen aus dem Elsaß, wo in Straßburg um 1604 von einem «Dannenbaum» die Rede ist, der mit «Rosen aus farbigem Papier, Äpfeln, Oblaten und Zucker behängt» und auf einem «viereckent ramen» aufgestellt war. Aber von brennendem Lichterschmuck wird noch nicht gesprochen. Davon erzählt als erste Liselotte von der Pfalz. In einem Brief, den sie ihrer Tochter aus Frankreich schreibt, berichtet sie aus ihrer Heidelberger Jugendzeit: «... Auf diese Tische stellt man Buchsbäume und befestigt an jedem Zweig ein Kerzchen; das sieht allerliebst aus, und ich möchte es noch heutzutage gern sehen.» Vom Elsaß wanderte der Weihnachtsbaum nach Mitteldeutschland. Aber erst nach den Freiheitskriegen eroberte er alle deutschen Weihnachtszimmer. Preußische Offiziere führten ihn 1815 in Danzig und Königin Therese, die der Münchner Oktoberwiese den Namen gab, als Gemahlin Ludwigs I. in Bayern ein.

Neben dem Weihnachtsbaum war die Weihnachtspyramide Symbol der Weihnacht. Im Gegensatz zum Tannenbaum, der seinen Weg vom weihnachtlichen Familienzimmer auch in die katholische Kirche nahm, wenn auch die Geistlichkeit ihn lange als heidnisches Brauchtum ablehnte, wanderte die Weihnachtspyramide, ähnlich wie die Krippe, von der Kirche in die Weihnachtsstuben. Sie ist ein pyramidenartiges Holzgestell, manchmal mit immergrünen Zweigen besteckt, das allerlei Zierrat und brennende Lichter trägt. Vor allem im sächsischen Erzgebirge blieb man ihr bis heute neben dem Tannenbaum treu. In Sachsen und Schlesien stellte man mit Vorliebe auch figürliche Weihnachtsleuchter auf den Gabentisch. Aus Schweden wanderte der fröhliche Brauch des Julklapp nach Nordostdeutschland. Das Weihnachtsgeschenk wird, überreichlich verpackt, mit dem Ausruf «Julklapp» ins Zimmer geworfen, und der Überbringer muß möglichst unerkannt das Haus wieder verlassen.

Dem Weihnachtsfest haftet verspielt noch viel altes heidnisches Brauchtum an. In der Heiligen Nacht deutet man besonders gern die Zukunft. In Thüringen zog man dazu Stroh aus dem Dach. Fand einer dabei noch Körner, so hatte er im kommenden Jahr Glück. Zwischen elf und zwölf Uhr in der Nacht geht man in den Obstgarten und beklopft die Bäume, damit sie bessere Frucht tragen. Weihnachtswetterregeln beachtet der Bauer mit Vorliebe:

«Ist Weihnachten kalt – kommt der Winter hart und der Frühling bald.» In Österreich erscheint am Morgen des Heiligen Abends das Goldene Rössl und wirft den Kindern Geschenke in den Hof. In Schwaben rüttelt man an Essig- und Weinfässern, damit sie immer gefüllt bleiben. In der Nahegegend läßt man ein wenig vom Flachs am Rocken, damit die heilige Jungfrau ihn in der Nacht zum Abtrocknen des Jesuleins benutzen kann. Dieser Flachs ist dann ein Heilmittel gegen allerlei Krankheit von Mensch und Tier. In Tirol stellt man am Christabend der Muttergottes und ihrem Kindchen gar eine Schüssel Milch ans Fenster und legt zwei Löffel dazu. Die Gottesmutter soll am guten Essen des Weihnachtstages teilhaben, das in Oldenburg und Schleswig-Holstein dem Heiligen Abend auch den Namen Dickbuch-Abend oder Vullbutts-Abend gegeben hat.

Als Festbraten ist das Schwein auch zu Weihnachten am beliebtesten. Ihm folgt der Karpfen, und an dritter Stelle stehen Gans, Fasan, Puter oder Truthahn. Besonders wichtig ist der Grünkohl als Beigabe. In der Mark Brandenburg sagt ein Sprichwort: «Wer Weihnachten nicht tüchtig Grünkohl ißt, bleibt dumm.» In vielen Gegenden ißt man Siebenerlei zum Heiligen Abend: Schweinefleisch oder Würste mit Sauerkohl, Mohnklöße, die man auch blaue Husaren nennt, gezuckerte Milch mit verquirlten Eiern und eingeschnittenen Semmeln, auch weiße Dragoner geheißen, Karpfen, Schlesisches Himmelreich (gekochtes Backobst mit Hefeklößen) und ähnliches. Im Pinzgau bringt die Bäuerin den Rest der Heilig-Abend-Mahlzeit in den Obstgarten und sagt: «Bam eßt's!»

Der schlesische Müller warf dem Wassermann Speisen in den Bach, und gegen Hexen schleuderte man Feuerbrände in den Brunnen, denn um Weihnachten beginnen die Zwölften, die zwölf Nächte, in denen der heidnische Dämonenspuk ausgelassen sein Unwesen treibt.

Aus: Vom Volksbrauch, Bd. II, Im Winter, Red. H. und H. Lehmann, Grenzach/Baden o. J.

DIE ZWÖLF *R*AUHNÄCHTE

Wenn auch Schlittenfahrten, Eispartien und Schneeball-schlachten schon immer das Entzücken der Kinder und Jugendlichen waren – in früheren Jahrhunderten hatte die Erwachsenenwelt kein Auge für die Schönheit des Win-ters. In den langen, dunklen Nächten und düsteren, kalten Tagen saß man beklommen in der Stube, wenn draußen die entfesselte Natur tobte. Alter Dämonenglaube, mittel-alterliche Hexenvorstellungen und tiefe Frühlingssehn-sucht bestimmen das Brauchtum der zwölf Rauhnächte, die man in Bayern und Österreich zwischen Weihnachten und Dreikönigsfest zählt. In Schlesien verstand man dar-unter die zwölf Nächte vor Weihnachten. In Franken und Mecklenburg denkt man sie sich in den zwölf Nächten nach Neujahr.

Man nennt diese Nächte Rauh- oder Rauchnächte, weil man Haus und Hof ausräuchert. Nach anderer Version haben sie ihren Namen von den wilden Gestalten, die in dieser Zeit zottelig-vermummt umgehen. Rauh, mund-artlich Rauch, ist die Bezeichnung des Haarigen, mit Fell Bekleideten. Nach dem Volksglauben braust der wilde

Jäger mit seinem Heer durch die Luft. Schreckliche Gestalten sind darunter: Menschen ohne Kopf, ungestalte Schweine und Hasen, Hexen und Teufelsfratzen. Dem Zuge voran schreitet der getreue Eckart, ein Mann mit weißem Bart und Stab, der alle vorbeihastenden Menschen auffordert, für das wilde Heer Platz zu machen und sich still zu verhalten, bis alles vorüber ist. Hört man die grausigen Gesellen dann heranbrausen, muß man sich gleich mit dem Gesicht zu Boden werfen.

Aber nicht nur in den Lüften jagt es johlend vorbei, auch aus dem Totenreich unter der Erde kehren die Seelen in Scharen zurück. Um sie freundlich zu stimmen, setzt man ihnen Speise und Trank hin. Im Siegener Land darf man während der «hilligen Tage», wie man dort die Zeit nennt, nicht spinnen, backen oder braten. Nirgendwo ist es geheuer. Frau Holle im Norden und in Mitteldeutschland und Frau Perchta im Süden führen ihre Geisterheere an. Dabei erscheint die Perchta einmal als verhutzeltes altes Mütterchen, bald als Kinderschreckgestalt mit langer Nase. Von ihnen drohte Haus, Hof und Feldern Schaden.

So stieg man selbst in die schrecklichsten Vermummungen in dem Glauben, mit der Verkleidung in winterliche Dämonen und Totengeister gehe deren Kraft auf die Vermummten über und gebe ihnen die Möglichkeit, die feindlichen Mächte zu vertreiben, aber auch durch Tänze und wilde Läufe die Fruchtbarkeit der Äcker zu vermehren. Bis tief ins 19. Jahrhundert gingen die Perchtenläufe Tirols, der Steiermark und Salzburgs. Je mehr Perchtenmasken liefen und tanzten, desto mehr kam es den Feldern zugute. Im Inntal schreiten in der letzten Rauhnacht vor Dreikönig weißvermummte Gestalten, den Schimmelreiter in der Mitte, langsam und schweigend in die Bauernstuben, tanzen ein paar Takte und führen allerlei auf, bis das «Besenweibl» eine Maske nach der anderen in die dunkle Nacht hinauskehrt. Andere Toten-Maschkerer-Züge müssen sich im unteren Innviertel mühsam durch tiefen Schnee den Weg zu den einzelnen Gehöften erkämpfen. Auch sie sind in lange weiße Kleider gehüllt, das Gesicht mit enganliegenden weißen Tüchern verdeckt. Mund, Nase und Augenhöhlen sind mit blau-schwarzer Farbe totenkopfähnlich daraufgemalt. Scheu erwartet man sie in der Stube, die sie schweigend betreten und sich dann um den Tisch scharen, den man ihnen bereitet hat. Langsam hebt eine Maske nach der anderen den Krug mit Most zum Munde und trinkt wortlos, bis ein Ziehharmonikaspieler mit einem Ländler beginnt. Die Masken tanzen kurze Zeit miteinander und entfernen sich dann geräuschlos und feierlich, wie sie gekommen sind.

Die zwölf Rauhnächte sind aber auch Los-Nächte, in denen man «eine Frage frei hat an das Schicksal». Manchmal sind die Zeremonien zur Zukunftserforschung schaudervoll, aber meist sind es Liebesorakel, wie sie zur Andreas- oder Thomasnacht geübt werden. So geht die verliebte Maid während der Rauhnächte in den Garten und wirft ihren Pantoffel zwölfmal auf den Birnbaum. Bleibt der Pantoffel einmal hängen, geht ihr Herzenswunsch in Erfüllung. Behält ihn der Baum gleich beim ersten Wurf, so stirbt das Mädchen im nächsten Jahr. Schaut es unter allerlei Brimborium in den Spiegel oder den Ziehbrunnen, erblickt es wohl darin das Bild ihres zukünftigen Bräutigams. Schon lange sind Orakelspruch und Maskenläufe zum Spiel aus Ernst und Scherz geworden, einem Spiel, dem der Winterurlauber aus der Stadt mit wohligem Gruseln und bewunderndem Spott zusieht.

Aus: Vom Volksbrauch, Bd. II, Im Winter, Red. H. und H. Lehmann, Grenzach/Baden o. J.

DREIKÖNIG

Im 4. Jahrhundert wurde Weihnachten vom 6. Januar auf den 25. Dezember verlegt. Trotzdem blieb der 6. Januar als Fest der Erscheinung des Herrn (Epiphanias) und als Dreikönigsfest ein hoher Feiertag. Die Geschichte der drei Weisen aus dem Morgenlande, die zuerst die frohe Botschaft von der Geburt Christi hörten und dem Stern zur Krippe nach Bethlehem folgten, gibt diesem Tage einen dramatischen Akzent.

So war es nicht verwunderlich, daß man die Erzählung in der Kirche mit verteilten Rollen aufführte, nachdem Barbarossas Kanzler, Rainald von Dassel, die Reliquien der Heiligen Drei Könige im Jahre 1164 aus Mailand nach Köln überführen ließ. In den Kirchen wurde der Platz für das Dreikönigsspiel bald zu eng, es wanderte auf die öffentlichen Plätze und umgab sich mit großen Umzügen und farbenprächtigem Pomp. Kaspar, der dunkelhäutige König, war schon bei diesen Spielen eine Art lustige Person. Es dauerte nicht lange, bis er sich selbständig machte und als Spaßmacher die nach ihm benannten Kasperle-Theater auf den Kopf stellte.

Der Reformation fiel das bunte Dreikönigsspiel zum Opfer. Es blieben nur die Sternsinger übrig, die in Kronen aus Goldpapier und mit dem Stern auf langer Stange singend durch die Straßen ziehen. Aber schon zu Goethes Zeit war das Gabenheischen der Sternsinger wohl bereits wichtiger als das Singen der Dreikönigslegende, denn der Dichter rief ihnen augenzwinkernd nach:

Die Heiligen Drei Könige mit ihrem Stern,

sie essen, sie trinken und bezahlen nicht gern.

Die Sternsinger in Sachsen hatten in ihren Stern ein Haus hineingebastelt, aus dessen Fenster nach einem Fadenzug Herodes herausschaute. Im Harz war es das Vorrecht der Kinder aus den armen Bergdörfern, als «Sterngucker» zu gehen. Am Dreikönigstage weiht die katholische Kirche Salz und Kreide. Die Bewohner des Böhmerwaldes suchen zu diesem Weihe-Gottesdienst gern eine entlegene Kirche auf, «weil ja auch die drei Könige einen so weiten Weg zum Christkind gehabt haben». Das Salz gibt man dem Vieh bei Krankheit und Gefahr ins Futter. Mit der Kreide schreibt man daheim die Namen der Heiligen Drei Könige mit einem Kreuz und der Jahreszahl dahinter an die Haustüre. Nach dem Volksglauben bleibt so das Übel ein ganzes Jahr lang diesem Hause fern.

Auch auf der Reise ließ man sich gern vom Segen der weitgereisten drei Könige begleiten. Im 15. Jahrhundert konnte man einen regelrechten Dreikönigssegen mit in die

46

Reisekutsche nehmen. Der Wünschelrutengänger soll sein Werkzeug am Tage der drei Könige schneiden und auf ihren Namen taufen lassen: auf Kaspar, wenn er auf der Suche nach Gold ist, auf Balthasar, wenn er Silber sucht, und auf Melchior, wenn sein Sinn nach neuem Wasser steht. Wie Thomas-, Andreas-, Christ- und Neujahrsnacht gehört auch die Dreikönigsnacht zu den Losnächten, in denen man die Zukunft erforscht. Vielleicht ist auch die Sitte der Bohnenkönig-Wahl an diesem Tage ein geheimer Orakelspruch. Von England kam dieser Brauch über Frankreich zu uns. In den Dreikönigskuchen wird eine Bohne eingebacken, und wer sie in seinem Stück fand, wurde zum Bohnenkönig erkoren, mußte geschwind ein Kreuz gegen allerlei Ungemach an die Stubendecke malen und durfte für den Rest des Tages einen fröhlichen Hofstaat nach Lust und Laune regieren.

Mit Dreikönig gehen die zwölf Rauhnächte zu Ende. Zum letzten Mal zeigen sich die bösen, unheimlichen Mächte. Man setzte ihnen furchtsam Essen vors Fenster und legte für sie Nudeln aufs Dach. Im Alpenland hieß Dreikönig auch «Berchtentag». Aber in der scheuen Furcht vor dem letzten Ritt des wilden Heeres lag schon die Hoffnung auf ein neues Licht, auf ein neues Grünen und Blühen.

Aus: Vom Volksbrauch, Bd. II, Im Winter, Red. H. und H. Lehmann, Grenzach/Baden o. J.

WEIHNACHTEN

Zeichen und Symbole des Weihnachtsfestes

Rudolf Steiner

Schon zeitig am Vorabend versammelten sie sich. In stillem Denken mußten sie sich klarmachen, was dies wichtigste Ereignis bedeute. Sie saßen in tiefem Schweigen im Dunkeln beieinander versammelt. Wenn dann die Mitternacht herankam, hatten sie schon stundenlang so gesessen im dunklen Raume. Gedanken der Ewigkeit durchzogen ihr Inneres. Dann, gegen Mitternacht, erhoben sich geheimnisvolle Töne, sie durchfluteten den Raum, im Anschwellen und Abschwellen. Die Schüler, die diese Töne hörten, wußten: Das ist die Sphärenmusik. Tiefe, weihevolle Andacht erfüllte ihre Herzen. Dann wurde es schwach hell. Das Licht ging aus von einer schwach erhellten Scheibe. Diejenigen, die das sahen, wußten, daß diese Scheibe die Erde vorstelle. Die erhellte Scheibe wird dann dunkler und dunkler, bis sie zuletzt ganz schwarz ist. Zugleich wurde es im Raum ringsum heller. Diejenigen, die das sahen, wußten, daß das schwarze Rund die Erde darstelle. Die Sonne, die sonst aber die Erde durchleuchtet, ist verhüllt. Die Erde kann die Sonne nicht mehr sehen. Dann bildete sich um die Erdscheibe, nach außen verlaufend, Kreis um Kreis in Regenbogenfarben. Diejenigen, die das sahen, wußten: das ist die Iris. Dann erhob sich um Mitternacht allmählich, anstelle des schwarzen Erdkreises, ein violett-rötlich leuchtender Kreis; auf dem stand ein Wort. Dies Wort war verschieden, je nach den Völkern, deren Glieder dies Mysterium erleben durften. In unserer heutigen Sprache würde das Wort lauten «Christos». Diejenigen, die das sahen, wußten: das ist die Sonne. Sie erschien ihnen in der mitternächtigen Stunde, wenn die Welt ringsum im tiefsten Dunkel ruht. Den Schülern wurde klargemacht, daß sie jetzt in Bildern erlebt hätten das, was man in den Mysterien nennt: die Sonne um Mitternacht schauen.

Derjenige, der wirklich eingeweiht ist, lernt die Sonne umMitternacht wahrhaftig schauen, denn in ihm ist das Materielle ausgelöscht. Nur die Sonne des Geistes lebt in seinem Inneren und überstrahlt alle Dunkelheit der Materie.

Seligster Moment ist dieser Moment in der Menschheitsentwickelung, wo der Mensch erlebt, daß er losgelöst von der Dunkelheit in ewigem Lichte lebt. Und dieser Moment wurde im Bilde also dargestellt in den Mysterien, Jahr für Jahr, um die mitternächtige Stunde in der Weihe-

Nacht. Dieses Bild stellte dar, daß es neben der physischen Sonne eine Geistessonne gibt, die ebenso wie die physische Sonne aus dem Dunkel, aus der Finsternis heraus geboren werden muß. Um den Schülern das noch klarer zu machen, wurden sie, nachdem sie den Aufgang der Sonne, des Christos, erlebt hatten, in eine Höhle geführt, in der scheinbar nichts vorhanden war als Stein, erstorbene, leblose Materie. Dort sahen sie aus den Steinen Ähren erstehen, als Zeichen des Lebens, als symbolische Andeutung, daß aus dem scheinbaren Tode das Leben ersteht, daß geboren wird in totem Gestein das Leben. Es wurde ihnen dann gesagt: So wie die Sonnenkraft von diesem Tage an, nachdem sie scheinbar erstorben war, neu erwächst, so erhebt sich immerdar aus dem ersterbenden Leben das neue …

Ein wunderbarer Zusammenhang zwischen dem Baum des Paradieses und dem Kreuzesholz! Ist auch das Kreuz ein Symbolum für Ostern, empfangen wir doch auch für die Weihnachtsstimmung aus ihm eine Vertiefung. Wir empfinden in ihm, was in der Christus-Idee in dieser Geburtsnacht des Christus Jesus im neuen, quellenden Leben uns entgegenströmt. Angedeutet sehen wir diese Idee in den lebenden Rosen, die diesen Baum hier schmücken. Sie sagen uns: der Baum der Weihe-Nacht ist noch nicht zum Holze des Kreuzes geworden, aber die Kraft, zu diesem

Holz zu werden, beginnt in ihm ihren Aufstieg zu nehmen. Die Rosen, die aus dem Grün erwachsen, sind ein Symbol des Sieges des Ewigen über das Zeitliche.

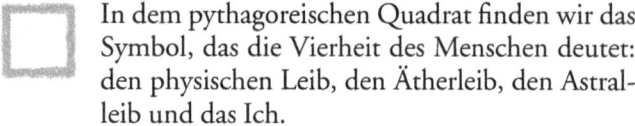 In dem pythagoreischen Quadrat finden wir das Symbol, das die Vierheit des Menschen deutet: den physischen Leib, den Ätherleib, den Astralleib und das Ich.

Für die höhere Dreiheit des Menschen steht das Dreieck als Symbol für das Geistselbst, den Lebensgeist und den Geistesmenschen.

Das, was darüber steht, ist das Symbol für Tarok. Diejenigen, die eingeweiht waren in die ägyptischen Mysterien, verstanden das Zeichen zu lesen.

Sie verstanden auch das Buch Thoth zu lesen, das aus achtundsiebzig Kartenblättern bestand, in welchen alle Weltgeschehnisse vom Anfang bis zum Ende, von Alpha bis Omega verzeichnet waren und die man lesen konnte, wenn man sie in der richtigen Reihenfolge verband und zusammensetzte. Es enthielt in Bildern das Leben, das zum Tode erstirbt und wieder aufsprießt zu neuem Leben. Wer die richtigen Zahlen und die richtigen Bilder miteinander vereinen konnte, der konnte in ihm lesen. Und diese Zahlenweisheit, diese Bilderweisheit, wurde seit Urzeiten gelehrt. Sie spielte noch im Mittelalter eine große Rolle, zum Beispiel bei *Raimundus Lullus*, doch heute ist nicht mehr viel davon vorhanden.

Darüber steht das Taozeichen, jenes Zeichen, das uns an die Gottesbezeichnung unserer uralten Vorfahren erinnert. Bevor Europa, Asien, Afrika Kulturland war, lebten diese alten Vorfahren in der Atlantis, die in Fluten untergegangen ist. In den germanischen Sagen lebt noch die Erinnerung an diese Atlantis in den Sagen von Niflheim, dem Nebelheim. Denn Atlantis war nicht von reiner Luft umgeben. Große, mächtige Nebelmassen umwogten das Land, ähnlich wie man sie heute sieht, wenn man im Hochgebirge durch Wolken und Nebelmassen zieht. Sonne und Mond standen nicht klar am Himmel, sie waren für die Atlantis umgeben von Regenbogenringen – von der heiligen Iris. Damals verstand der Mensch noch viel mehr die Sprache der Natur. Was heute im Plätschern der Wellen, im Rauschen des Windes, im Säuseln der Blätter, im Grollen des Donners zum Menschen spricht, aber nicht mehr von ihm verstanden wird, das war dem alten Atlantier damals verständlich. Er empfand aus allem heraus ein Göttliches, das zu ihm redete. Innerhalb all dieser sprechenden Wolken und Wasser und Blätter und Winde ertönte den Atlantiern ein Laut: Tao – das bin ich. – In diesem Laut lebte das eigentliche Wesen, das durch die ganze Natur geht. Atlantis vernahm ihn. Dieses Tao drückte sich später aus in dem Buchstaben T. Auf ihm steht ein Kreis, das Zeichen der alles umfassenden göttlichen Vaternatur.

 Endlich alles, was das Weltall durchsetzt und was da ist als der Mensch, ist bezeichnet in dem Symbol des Pentagramms, das uns von der Spitze des Baumes herunter grüßt. Der tiefste Sinn des Pentagramms darf jetzt nicht besprochen werden. Es zeigt uns den Stern der sich entwickelnden Menschheit. Es ist der Stern, das Symbol des Menschen, dem alle Weisen folgen, so wie ihm in Vorzeiten die Priesterweisen folgten. Es ist der Sinn der Erde, der große Sonnenheld, der geboren wird in der Weihe-Nacht, weil das höchste Licht aus der tiefsten Finsternis herausstrahlt.

Der Mensch lebt hinein in eine Zukunft, wo das Licht in ihm geboren werden soll, wo abgelöst werden soll ein bedeutungsvolles Wort durch ein anderes, wo es nicht mehr heißen wird, daß die Finsternis das Licht nicht begreifen kann, sondern wo die Wahrheit hinaustönen wird in den Weltenraum und wo die Finsternis das Licht, das uns ent-

gegenstrahlt in dem Stern der Menschheit, begreifen wird, wo die Finsternisse weichen und das Licht begreifen, das heißt, von ihm ergriffen werden. Und das soll uns aus der Weihnachtsfeier entgegentönen aus unserem Inneren. Dann wird das Weihnachtsfest in seiner tiefen, uralten Bedeutung erst richtig gefeiert werden von uns, denn dann weist es uns darauf hin, daß aus dem Inneren des Menschen hervorleuchten wird das geistige Licht, hinausstrahlen wird in alle Welt. Und als ein Fest des höchsten Ideals der Menschheit werden wir das Christfest feiern können. Es wird dann wieder eine Bedeutung für uns haben, es wird wieder lebendig werden in unserer Seele, und auch der Weihnachtsbaum wird dann wieder als Symbol des Paradiesesbaumes eine richtigere Bedeutung haben, als sie ihm selbst in der sinnvollsten Weise heute gegeben wird. In unserer Seele wird aber die Feier der Weihe-Nacht entstehen lassen die freudevolle Zuversicht: Ja, auch ich werde in mir dasjenige erleben, was man nennen muß die Geburt des höheren Menschen, auch in mir wird stattfinden die Geburt des Heilandes, die Geburt des Christos.

Rudolf Steiner, Zeichen und Symbole des Weihnachtsfestes, Vortrag vom 17. Dezember 1906, in GA 96

WEIHNACHTEN

Goethe

Bäume leuchtend, Bäume blendend,
Überall das Süße spendend,
In dem Glanze sich bewegend,
Alt' und junges Herz erregend –
Solch ein Fest ist uns bescheret,
Mancher Gaben Schmuck verehret;
Staunend schaun wir auf und nieder,
Hin und her und immer wieder.

Aber, Fürst, wenn dir's begegnet
Und ein Abend so dich segnet,
Daß als Lichter, daß als Flammen
Vor dir glänzten allzusammen
Alles, was du ausgerichtet,
Alle, die sich dir verpflichtet:
Mit erhöhten Geistesblicken
Fühltest herrliches Entzücken.

Goethe, Gedichte (1822)

DIE LEGENDE VOM *L*EBENSBAUME

Camille Schneider

Es fällt dem genaueren Betrachter natürlich auf, daß der Tag des 24. Dezember, an dem der Heiligabend gefeiert wird, im christlichen Kalender der Adam-und-Eva-Tag ist. In vielen elsässischen Dokumenten wird der Weihnachtsbaum mit den Äpfeln zunächst auch «Paradiesbaum» genannt und ist mit Hostien versehen. Sollte damit nicht ausgedrückt sein, daß im Grunde das Mysterium von Bethlehem zurückreicht bis in die Anfänge der Menschheitsentwicklung im Paradies, die mit Adam beginnt, das heißt mit dem «Menschen», da ja Adam nicht nur ein Eigenname, sondern eine generelle Bezeichnung für den Menschen ist, jenen «Menschen, den Gott männlich-weiblich schuf». In diesem Zusammenhange scheint es unerläßlich, die Legende vom Lebensbaume im Paradies und die Adamslegende heranzuziehen. Die Gestalt des ersten Adam ist ja von einer großen Anzahl von Legenden umgeben, aus welcher nur zwei herausgestellt werden sollen,

60

die aber innerlich sehr stark verbunden sind. Es kommt uns dabei darauf an, von verschiedenen geistigen Standorten her zu zeigen, wie ein tiefer innerer Zusammenhang besteht einerseits zwischen der Adamgestalt im Paradiese, der dort bereits beim Lebensbaum begründeten jungfräulichen Geburt, anderseits dem Mysterium von Golgatha und, zwischen beiden Polen liegend, dem Mysterium der Geburt, der Ankunft der Könige aus dem Morgenlande und dem Lebensbaum des Paradieses, für den schließlich unser Weihnachtsbaum ein Symbol wird. Wir entnehmen die einzelnen Teile dieser Legende der «Schatzhöhle», einem Zeugnis des syrischen christlichen Morgenlandes aus dem sechsten Jahrhundert, und dem christlichen Adamsbuche, dem sich auch die meisten Kirchenschriftsteller anschließen. Es ist der syrische Kirchenvater Ephraim, der über die «Schatzhöhle» berichtet und über die Sonnenmysterien des Melchisedek. Als Adam wünschte, Eva zu erkennen, so sagt der Bericht Ephraims, nahm er von des Paradieses Grenzen *Gold, Myrrhen und Weihrauch,* legte sie in die Höhle und segnete und weihte diese ein, daß sie sein und seiner Söhne Bethaus sei, und nannte sie die Schatzhöhle. Im gesamten Legendenbericht leuchten immer wieder bei Adams Erwähnung auch zugleich Golgatha und das Mysterium der Christgeburt auf.

Adam war aus den vier Elementen geschaffen worden. Gott nahm dabei von der ganzen Erde ein Körnchen Staub

61

und von der ganzen Natur des Wassers einen Tropfen und von der Luft ein Lüftchen des Windes und von aller Natur des Feuers ein wenig Hitze der Wärme. Und Adam breitete sich aus und stand mitten auf der Erde, und er setzte seine beiden Füße auf den Platz, woselbst das Kreuz unseres Erlösers errichtet werden sollte, wie ihm Gott gesagt hatte. Er wurde der Herr aller Wesen und Geschöpfe, und die Engel beugten die Knie vor ihm. Nur einer empörte sich. Er wurde Satana genannt, deshalb, weil er sich abgewandt hatte von Gott.

Im Paradiese aber, in dem Adam und Eva lebten, wie die Schrift sagt, waren zwei Bäume. Als sie von dem ersten Baume der Erkenntnis gegessen hatten, wurden sie aus dem Paradiese vertrieben, damit sie nicht auch von dem andern Baume essen könnten. Adam aber nahm damals von diesem Lebensbaume drei Samenkörner mit, die er aufbewahrte.

(Aus dem dritten Jahrhundert stammt nun eine etwas verschiedene Fassung der Legende, nach welcher Adam, als er tödlich krank geworden war, seinen Sohn Seth in das Paradies zurücksenden wollte, damit er dort Öl von dem Baume des Lebens oder der Barmherzigkeit hole zur Linderung der Schmerzen Adams. An der Pforte habe ihm der Erzengel Michael erwidert, es sei jetzt kein Öl zu haben, sondern erst in 5500 Jahren würde der Sohn Gottes geboren werden, der dann Adam selbst zum Baume der Barmherzigkeit und Gnade führen würde. Seth aber habe ein Reis vom Lebensbaume erhalten, um es in die Erde zu pflanzen.)

Als nun Adam starb, so sagt die erste Legende weiter, da nahm Seth die drei Samenkörner und legte sie in Adams Grab oder auch in dessen Mund, und aus ihnen wuchs ein einziger Baum, der dann wiederum so manches wirken konnte, wie wir weiter sehen. Adam lebte 930 Jahre, vom Tage der Schöpfung an gerechnet. Er wurde in der Schatzhöhle begraben. Den Dienst an Adams Grab übernahm Seth und nach ihm Enos, sein Sohn. Als die Sintflut kam, nahm Noah, wie ihm befohlen war, des Adam Leichnam mitten in die Arche, welche er gebaut hatte aus den von ihm gepflanzten Zedern. Noah ging in die Arche am Ende des zweiten Jahrtausends, welches von der Nachkommenschaft Adams bis zur Sintflut reicht. Nach dieser nahmen Noahs Sohn Sem und Melchisedek den Leichnam Adams, und der Engel ging vor ihnen her. Und als sie an den Berg kamen, welcher der Mittelpunkt der Erde ist, da zeigte der Engel ihnen diesen Ort, und als Sem den Leichnam des Vaters Adam niedergesetzt hatte, da gingen vier Teile wieder auseinander und die Erde öffnete sich in Gestalt eines Kreuzes, und Sem und Melchisedek legten den Leichnam Adams hinein, und es schlossen sich um ihn die Türen der äußeren Erde. Und der Ort ward Schädelstätte genannt darum, daß dort das Haupt aller Menschen hingelegt worden war, und wurde Golgatha genannt, weil er rund war, und wurde Hoch-Pflaster genannt, weil darauf der Kopf der bösen Schlange zertreten wurde, wie vorausgesagt durch Michael, und wurde Gabbatha genannt, weil in ihm alle Völker versammelt wurden. Melchisedek aber wurde zum Hüter des Ortes bestellt. Es war auf dem Gebirge Amoräa. Und an diesem Orte wurde das Kreuz des Messias errichtet. Und daselbst sproßte *ein Baum* auf, welcher das Lamm trug, das Isaak errettete. Aus dem Holze des Baumes hat Moses seinen Stab geschnitten, mit dem er das Lebenswasser aus dem Felsen quellen ließ. Von dem Baume hat Josef einen Zweig genommen, als er der Freier der Maria ward und sie ihn daran erkannte. Und dieser Ort ist der Mittelpunkt der Erde und das Grab Adams und der Altar des Melchisedek und Golgatha und die Schädelstätte. Das Kreuz des Messias aber ward zur Erlösung unseres Vaters Adam und der Menschen. Der Baum ward ein Urbild des Kreuzes des Messias, und das Lamm in seinen Zweigen das Geheimnis der Menschwerdung der einigen Worte. Das Blut Christi aber floß aus seiner Seite durch den Felsen in des Adams Mund und bildete für ihn die neue Taufe. Daher zeigt man auf allen Gemälden ein Totenhaupt unter dem Kreuze.

Eine hebräische Legende, nach Cornelius a Lapide, erklärt, daß also aus dem Samen des verbotenen Baumes, der in den Mund des schon begrabenen Adam gelegt worden war, ein Baum wuchs, aus dem dann das Kreuz Christi gemacht wurde, so daß das Holz, das Gelegenheit zur Sünde war, ebenfalls das Holz der Erlösung wurde. Diesen Teil der Legende erzählt auch der spanische Jesuit Pineda.

Zu den geistigen Tatsachen dieser Legende vom Lebensbaume, nach welcher das Holz des Kreuzes aus dem Baume des Lebens stammte, sagt Rudolf Steiner: «Man hat ein Bewußtsein dafür gehabt durch die ganze Entwicklung hindurch, daß das dürre Kreuzesholz dennoch den Keim des neuen geistigen Lebens enthält – daß daraus hervorwachsen soll dasjenige, was die Menschen, wenn sie es in der richtigen Weise genießen, mit ihrer Seele vereinigen können als die Frucht vom Baume des Lebens – als diejenige Frucht, die ihnen Unsterblichkeit gibt im wahren Sinne des Wortes, die ihnen das Licht der Seele anzündet und die Seele so erleuchtet, daß sie den Weg findet aus den dunklen Tiefen der physischen Welt in die lichten Höhen des geistigen Daseins – und sich dort fühlt als Angehörige eines unsterblichen Lebens. Ohne daß wir uns einer Illusion hingeben, dürfen wir, wenn auch nicht als Historiker, so doch als fühlende Menschen, in dem Baume, der als Weihnachtsbaum vor uns steht, etwas fühlen wie ein Symbol jenes Lichtes, das im Innern unserer Seele aufgehen soll, damit es uns die Unsterblichkeit im geistigen Dasein erwerbe. Wir sehen dann auf jenes äußere Symbolum, das wir als den Weihnachtsbaum vor uns stehen haben, und dürfen uns sagen: Er sei uns ein Symbolum für das, was in unseren Seelen leuchten und brennen soll, um uns hin aufzutragen in die geistige Welt.»

Wenn es auch nicht möglich ist, den Weihnachtsbaum in seiner heutigen und rasch wechselnden Gestalt ganz aus der Legende vom Lebensbaum abzuleiten, so darf doch auf diesen Zusammenhang als auf etwas innerlich tief Begründetes hingewiesen werden. Gewährt doch die Betrachtung dieses Zusammenhanges mit dem aus geistigem Erleben entstandenen Legendenschatz eine Einsicht über den äußeren Brauch hinaus in den geistigen Hintergrund eines solchen Symbolums und in dieser Untersuchung besonders auch für den Teil des Weihnachtsbrauches, der zuerst allein auftritt: das Grüne, das Immergrün am Weihnachtsbaum, das Blühen und Fruchttragen, das nie versiegende Leben, für das er eben, nicht nur im bekannten Weihnachtslied, ein symbolisches «Kleid der Hoffnung und Beständigkeit» ist.

Auch das dann später hinzutretende Licht am Weihnachtsbaum ist weit mehr als eine Zutat zur Erinnerung etwa an die Wintersonnenwende, sondern wird seinen Ursprung in geistgemäßen Quellen finden müssen.

Die Legende aber vom Lebensbaum erscheint uns, wenn wir zugleich die äußere und die innere Entwicklung der Ereignisse und Mysterien versuchen zu betrachten, wie ein Band, das uns führt von der *Loslösung* des Menschen

(Adams) vom Göttlichen durch den Genuß der Frucht vom Baum der Erkenntnis, über die weihenachtliche Jesus-Geburt hin, für die uns der Lebensbaum ein Pfand und der Weihnachtsbaum ein Symbol ist, bis zum österlichen Christusereignis, das heißt bis zur *Erlösung* auf Golgatha.

Nun zieht uns aber das eben genannte Band nicht nur in die Vergangenheit, sondern über die Gegenwart hinaus, in die Zukunft. Wo aber nun den Zukunftsinhalt des Festes und seiner Symbole hernehmen? Dem Menschen wird es zunächst schwerfallen, auch demjenigen, der das angesagte kommende Christusereignis ahnt und bejaht, in der Gegenwart die adventstragenden Anzeichen dafür in unserer Zeit zu erkennen. Wie Emil Bock feststellt, wird die kindlich-idyllische Weihnachtsstimmung durch eine Rückschau auf Bethlehem oder auf die Vorkriegszeiten «nicht mehr aufrechtzuerhalten» sein. Es muß etwas Neues hinzugefügt werden, das eben auch schon, wenn man ihn recht untersucht, im geistigen Inhalt der erzählten Legende vom Lebensbaum enthalten ist. Würde die Legende sonst ihr Hauptgewicht auf das Wort *Lebensbaum* legen, auf die Tatsache der Samen, auf die der immer wieder durch das Kreuz hindurchgehenden Ereignisse, wenn sie uns nicht in die Zukunft hinein verwiese?

Nun ist unsere Zeit durch ihren apokalyptischen Charakter ausgezeichnet. Die Feste, die in Wirklichkeit das geistige Leben eines Volkes, eines jeden Volkes tragen helfen wie Säulen, diese Feste werden immer mehr ihres religiösen, ja überhaupt des geistigen Inhaltes beraubt und verwandeln sich in einfache und nackte soziale Ereignisse mit rein wirtschaftlich gemeintem Anhang. Auch nach dem kosmischen Rhythmus dieser Feste streckt logischerweise unsere organisierende Zeit immer mehr die Hand aus mit dem Ziel, ihn zu zerstören. Der große Schritt soll mit der Festlegung des Osterfestes getan werden. Seinerseits wird dem Weihnachtsfest die Sehnsucht nach dem «Frieden auf Erden» genommen. Die elektronische Weltbetrachtung und ihre Begleiterscheinung, die Atomkraft, helfen dazu tatkräftig mit. Aber aus dieser apokalyptischen Erschütterung heraus, so meint Emil Bock, wird die zukünftige Weihnacht nicht mehr «die des Kindes, sondern die des Menschen» geboren werden.

Aus: Camille Schneider, Der Weihnachtsbaum und seine Heimat, das Elsaß, Dornach 1965

Die Weihe der Nacht

Friedrich Hebbel

Nächtliche Stille!
Heilige Fülle,
Wie von göttlichem Segen schwer,
Säuselt aus ewiger Ferne daher.

Was da lebte,
Was aus engem Kreise
Auf ins Weitste strebte,
Sanft und leise
Sank es in sich selbst zurück
Und quillt auf in unbewußtem Glück.

Und von allen Sternen nieder
Strömt ein wunderbarer Segen,
Daß die müden Kräfte wieder
Sich in neuer Frische regen,
Und aus seinen Finsternissen
Tritt der Herr, so weit er kann,
Und die Fäden, die zerrissen,
Knüpft er alle wieder an.

Hebbel, Gedichte

DER WEIHNACHTSBAUM
ALS SYMBOL DES LICHTES

Camille Schneider

Wir haben bisher feststellen können, daß der Weihnachtsbaum für uns ein mehrfaches Symbol ist, nicht nur ein Symbol des Lebensbaumes, des Baumes der Erkenntnis, ein Sinnbild jener Verbindung der winterlichen Tannennatur und der sommerlich-herbstlichen Apfelnatur, also ein Sinnbild der Lebensrhythmen; er ist für uns auch ein Symbol gewesen für jene Christussuche der Mystiker im Abendland und besonders im elsässischen Rheinraum. Johannes Tauler und Meister Eckhart haben auf diese Weise den Christus gesucht, während ihn die Kreuzfahrer im Orient suchten. Und aus ihrer Suche heraus entstand, was den eigentlichen Baum der Paradiesspiele ergeben hat. Er ist aber vor allem ein Symbol des Lichtes geworden und spricht als solches für die Impulse, die oft in uns fühlbar werden, wenn wir vor dem Weihnachtsbaume stehen, ohne zu wissen, warum wir ergriffen waren in der Kindheit und warum wir es als ältere Menschen immer noch geblieben sind. Rudolf Steiner hat auf mehrfache Weise diesen Impuls ausgesprochen.

Der Impuls, der uns aus der geistigen Welt zukommt, so führt er aus, wäre für uns verloren, wenn er uns nicht erkraften würde, unsere Ichwesenheit zu durchchristen.

Das nie versiegende Leben, das im immergrünen Weihnachtsbaum und dessen Vorfahren, den in den zwölf heiligen Nächten blühenden Bäumen und Zweigen, symbolisiert ist, würde uns nicht ganz erfassen können, wenn nicht aus ihm heraus die Geistessonne leuchtete, wenn der Baum ohne Licht bliebe,

> «Die Sonne schaue
> um mitternächtige Stunde».

Das Licht «durchdringt, das heißt durchgoldet» die äußeren Eindrücke. Wenn uns das Grün und der Baum das Leben fühlen und schauen lassen, so spricht das Licht zu dem, der es aufnimmt, es spricht zu ihm vom Weltengeist. Wie aber gelangen wir zur Quelle dieses Lichts und wie gelangt die Menschheit zu ihr?

Wenn wir nachts schlafen, haben wir nicht einfach das Bewußtsein verloren und erlangen es wiederum am Morgen, so daß wir in der zwischenliegenden Zeit allen geistigen Einflüssen verschlossen bleiben. Im Gegenteil. Nachts spricht zu uns das Geisteslicht. Es schafft am Aufbau unseres Ich, es ist die Quelle der Seelenwärme aus geistigen

Untergründen. Unser ganzes Sein taucht unter in diese Welt des Geisteslichts, zu dem es sich erheben soll, zu dem es hinaufreifen soll. In diesem Untertauchen im Licht erkennen wir die wahre Geistessonne, schauen wir als in einem Mysterium der Einweihung, wie es die Alten im Urchristentum und zur Zeit der ersten Weihnachtsfeiern noch schauten, das Mysterium der dritten Sonne. Dieses Schauen offenbart uns auch allein den wahren Christus, vermittelt also die rechte Weihenacht. In einem schönen, naiv-poetischen Weihnachtslied aus dem Elsaß ist dieses Christusschauen ganz zuletzt und leise angedeutet:

> Drei Könige mit ihrem Sternen,
> sie krachen die Nassen und essen die Kernen,
> sie reissen mit en ander den Berg hinauf,
> sie sehen ein Sternlein ober dem Haus.
>
> Sie reissen mit en ander in das Haus hinein,
> sie finden das Kind Jesus im Krippelein,
> ganz nackentig und bloss;
> Maria hebt's in ihren Schooss.
>
> Der Joseph zieht sein Hemdlein aus
> und schlenzt im Kind eine Windel draus.
> Der Joseph wickelt's in die Windel hinein
> und träits vom Ochs zum Eselein.

Der Joseph nimmt das Pfännelein
und kocht in dem Kind ein Müselein.
Und wenn's das Müslein g'essen hat,
So schaut m'r unser Herr Jesus ganz wahr.

Des Nachts, sagten wir – und oft gibt uns der Traum eine
Kunde davon –, nehmen wir von dem Geisteslicht auf,
dem wir durch die Aufwärtsentwicklung unseres inneren
Lebens entgegenstreben. Das einzelne Ich nimmt zu seiner
Bildung dieses Geisteslicht jede Nacht auf. Die ganze
Menschheit nimmt gleichfalls dieses Licht auf in der Wei-
henacht. Wenn wir dies Geheimnis schauen und es also in
enger Verbindung mit dem Mysterium von Golgatha wis-
sen, dann erst können wir verstehen, was so oft unver-
standen geredet wird, daß der Christus uns erlöset hat.
Denn in der Winterweihenacht ist heruntergestiegen die
«Geistessonne, jene Christus-Sonne, die hinter der physischen Sonne steht, und hat der Erde ihren Sinn gegeben».
Das war es eben, was der Spruch besagen will:

«Die Sonne schaue
um mitternächtige Stunde.»

Für manche Volkssagen, die mit Weihnachten in Verbindung stehen, können wir ein neues Verständnis finden. So
hat das Elsaß auf dem Boden, auf dem zwei Volksseelen

73

ineinanderragen, manche Volkssage geboren, die die Lichtgeburt aus Weltenfinsternis versinnlicht.

Eine Sage aus Straßburg erzählt:

Ein armer Knabe aus der Gegend von Molsheim im Elsaß versuchte am Abend vor Weihnachten zwei Tannen aus dem Vogesenwald zu verkaufen, um etwas Geld für Weihnachten zu haben. Er wandte sich deshalb mit seinen beiden Tännlein an einen Gärtner bei der Aurelienkirche in Straßburg. Das war aber, als wollte man Wasser ins Meer tragen. Dennoch aber nahm der mitleidige Gärtner die beiden Tännlein dem Knaben ab und gab ihm dafür ein Goldstück. Die beiden Tannen waren aber sehr verkrüppelt und unschön. Noch vor dem Weihnachtsessen warf sie der Gärtner in eine Ecke. In der Früh, beim Spiel, pflanzten die beiden Kinder des Gärtners die beiden Tännlein hinter der Aurelienkirche, wo der Gärtner wohnte. Die Leute von Straßburg waren eben in der dritten Messe und glaubten stetig ein wunderbares Licht durch die Kirchenfenster hereindringen zu sehen. – Das schönste Licht aber behauptet der mitleidige Gärtner gesehen zu haben; er dachte an den Knaben, welcher der wirkliche Bruder desjenigen war, der dort vorne in der Krippe lag und auf Erden immer arm und verstoßen leben mußte. Als die Leute nun aus der dritten Messe kamen, sahen sie draußen zwei Tannen, so groß, daß sie die Spitze des Kirchturms überragten. Und helle Lichter brannten auf den Zweigen wie Rosen. Als der Gärtner hinaufsah, flog eine weiße Taube aus dem Kirchenfenster, setzte sich auf jede der beiden Tannenspitzen, schlug dreimal mit den Flügeln, um die Lichter zu löschen, denn es war Tag, und flog dann wieder in das Kirchenfenster zurück.

Weihnachten ist also geistige Licht-Geburt.

Wie werden wir gewahr, daß wirklich die Lichter auch in unserer Seele entfacht worden sind, die da als Symbol am Weihnachtsbaume wachsen? Wie äußert sich dasjenige, was in uns entsteht als «Neues, als der Geistesmensch, dasjenige, was als Wärme entzünden, als Licht erleuchten kann das Wort, das aus geistigen Quellen, aus geistigen Untergründen zu uns kommt»?

Eine Weisheit ist dem Menschen zunächst eingeboren, die die Seele mitbringt wie einen Abglanz jener Welt, aus der sie zur Erde herabsteigt, eine Kinderweisheit, die sie aber verlieren muß im Laufe der Entwicklung. Zu einer neuen Weisheit muß der Mensch hinfinden, und das Licht gibt die Weisheit, die nötig ist zur Erweckung der menschlichen Geistesindividualität.

Aber die Weisheit ist eine solche nur da voll und ganz, wo sie zur Liebe wird, zur geistigen Liebe, die erst dann frei wird und unabhängig von der Blutsverwandtschaft, wenn der Christus in die Erde eingezogen ist. Denn vorher war sie dies nicht. Diese geistige Liebe schafft die Bande von

Seele zu Seele, wo Menschen mit wachsendem Ich in Gesellschaft zusammenleben und ein Licht unter sich leuchten sehen, ein durch das Jahr hindurch leuchtendes Weihnachtslicht. Diese Liebe ist das «große Bruderband der Menschheit als Ergebnis des Christentums». Erkennen wir da die große Lichtmission, die der Baum symbolisiert? Wenn in der rechten Weise in der Weihenacht durch das Geisteslicht Verständnis der Empfindung der Liebe in unserer Seele erwacht, wenn wir diese Christgeburt feiern: das Erwachen der Liebe, dann kann von jenem Augenblick an, den wir da erleben, das ausstrahlen, was wir für die übrigen Tage und Stunden des Jahres brauchen, auf daß gesegnet, das heißt «vergoldet» werde das, was wir an jedem Tage und in jeder Stunde des Jahres an Weisheit anstreben können.

Um die Weihe-Weihnachtsstunde, da ist uns die Geistessonne am nächsten, da neigt sich die Weltenseele zu uns und verbindet sich mit uns. Sie ist es, die im Frühling ihr Sinnesorgan, die grüne Pflanzendecke, schafft, wovon die Winterblüten um die Weihnachtszeit und der Weihnachtsbaum selbst ein Hauch und ein das immerwährende Leben darstellendes Symbol sind.

Dazu kommt an jeder Weihnacht das Geborenwerden des Christuslichtes in die Erde, das Weisheit und Liebe, jene tiefste aller Missionen, in uns wirkt. Dann erst fühlen wir: Heute ist Christus in uns geboren! Er ist es jedes Jahr.

Daß dies Mysterium ein unbegrenztes ist durch den Raum und ein außerzeitliches, das wird erlebt im Christuslicht und symbolisiert in den brennenden Lichtern des Weihnachtsbaumes.

Wenn wir das Lichtsymbol des Weihnachtsbaumes aber auf dieser geistigen Ebene suchen und erkennen, dann fühlen wir, wie weit unsere Zeit sich davon entfernt hat mit ihren elektrischen Lichtschlangen, die weder die Adventszeit noch die zwölf heiligen Nächte einhalten. Sollen die Auswüchse der Gegenwart etwa damit entschuldigt werden, daß man die Mißbräuche des Mittelalters uns entgegenhält?

Aus: Camille Schneider, Der Weihnachtsbaum und seine Heimat, das Elsaß, Dornach 1965

FRIEDE AUF ERDEN

Conrad Ferdinand Meyer

Da die Hirten ihre Herde
Ließen und des Engels Worte
Trugen durch die niedre Pforte
Zu der Mutter und dem Kind,
Fuhr das himmlische Gesind
Fort im Sternenraum zu singen,
Fuhr der Himmel fort zu klingen:
«Friede, Friede! auf der Erde!»

Seit die Engel so geraten,
O wie viele blutge Taten
Hat der Streit auf wildem Pferde,
Der geharnischte, vollbracht!
In wie mancher heilgen Nacht
Sang der Chor der Geister zagend,
Dringlich flehend, leis verklagend:
«Friede, Friede … auf der Erde!»

Doch es ist ein ewger Glaube,
Daß der Schwache nicht zum Raube
Jeder frechen Mordgebärde
Werde fallen allezeit:
Etwas wie Gerechtigkeit
Webt und wirkt in Mord und Grauen,
Und ein Reich will sich erbauen,
Das den Frieden sucht der Erde.

Mählich wird es sich gestalten,
Seines heilgen Amtes walten,
Waffen schmieden ohne Fährde,
Flammenschwerter für das Recht,
Und ein königlich Geschlecht
Wird erblühn mit starken Söhnen,
Dessen helle Tuben dröhnen:
Friede, Friede auf der Erde!

C. F. Meyer, Gedichte, VII (1892)

Aus dem anthroposophischen Seelenkalender

Rudolf Steiner

Weihe-Nacht-Stimmung

Ich fühle wie entzaubert
Das Geisteskind im Seelenschoß,
Es hat in Herzenshelligkeit
Gezeugt das heil'ge Weltenwort
Der Hoffnung Himmelsfrucht,
Die jubelnd wächst in Weltenfernen
Aus meines Wesens Gottesgrund.

Fünfte Dezember-Woche

An Geistesoffenbarung hingegeben
Gewinne ich des Weltenwesens Licht,
Gedankenkraft, sie wächst
Sich klärend mir mich selbst zu geben
Und weckend löst sich mir
Aus Denkermacht das Selbstgefühl.

Rudolf Steiner, Anthroposophischer Seelenkalender,
Woche 38 und 39, in: Wahrspruchworte, GA 40

DAS *T*RAUMLIED DES OLAV AASTESON

*E*INLEITUNG

Rudolf Steiner

Ja, das klingt an vieles an, was an ähnlichen Visionen innerhalb germanischer Völker immer gelebt hat, was viele Menschen im Grunde genommen hellsichtig geschaut haben in der Zeit der dreizehn Nächte vom Weihnachtsabend bis zum Erscheinungsfeste Christi, dem 6. Januar. – Da kann die menschliche Seele hineinschauen in die geistige Welt und sieht da das Schicksal der Menschenseele im entkörperten Zustande, wenn sie durchgeht durch Kamaloka und es ihr dann klar wird, wie ein Verhältnis der höheren geistigen Welten zu den Taten der Menschen hier auf Erden hergestellt wird. Und interessant ist es, daß derjenige, von dem uns nun in diesem Traumlied erzählt wird und dem diese Visionen in dieser nordischen Gegend durch dieses Traumlied zugeschrieben werden, ein Mensch ist, der den Namen trägt: Olaf Åsteson. Von diesem wird erzählt, daß er während dieser dreizehn Nächte in einer Art hellsichtiger Erfahrung dasjenige durchmachte, was der nordische Mensch in seiner Art als Vision empfinden kann. Er erfuhr zunächst, wie sich die menschlichen Taten weiter gestalten, wenn der Mensch durch die Todespforte gegangen ist, er erfuhr aber auch, wie in das Walten und Weben der Seele nach der Entkörperung das eingreift, was wir die Christus-Wesenheit nennen, wie hineinfällt in die nordische Geistesordnung des Lebens nach dem Tode das Richteramt des Jesus, des Christus, der da an die Seite tritt des alten Weltenrichters, des sogenannten Angesichtes Jehovas, des Erzengels Michael. So daß neben allem übrigen, was der Hellsichtigkeit des Olaf Åsteson auftaucht, das Eindringen des Christentums in den Norden mit anklingt, und daß ihm alles in der Zeit des Jesus-Geburtstagsfestes in den dreizehn Nächten hellsichtig klar wird, die er hindurch schlief.

Rudolf Steiner in einer Einleitung zur Rezitation des Traumlieds am 1. Januar 1912 (GA 158)

Das *T*raumlied des Olav Aasteson

1.

Willst du mir lauschen, zu singen, ich weiß
Von manchem gar werten Gesellen,
Sing dir von Olav Aasteson,
Der schlafen konnte so lange.
  Ja, das war Olav Aasteson,
  Entschlafen war er so lange.

2.

Er legte sich nieder zur Weihenacht,
Und starker Schlaf ihn umfing.
Wachte nicht auf vorm dreizehnten Tag,
Da 's Volk zur Kirche hinging.
  Ja, das war Olav Aasteson,
  Entschlafen war er so lange.

3.

Er legte sich nieder zur Weihnacht spat,
Ein Schlaf, der sollt ihm gelingen.
Wachte nicht auf vorm dreizehnten Tag,
Da die Vöglein schüttlen die Schwingen.
    Ja, das war Olav Aasteson,
    Entschlafen war er so lange.

4.

Er wachte nicht auf vorm dreizehnten Tag.
Die Sonne stieg über die Weiden.
Da sattlet er sein gutes Pferd;
Zur Kirche wollt' er hinreiten.
    Ja, das war Olav Aasteson,
    Entschlafen war er so lange.

5.

Drin am Altare der Priester stand,
Las heiliger Sprüche gar viele.
Olav saß nieder am Kirchentor
Und kündet der Träume gar viele.
    Ja, das war Olav Aasteson,
    Entschlafen war er so lange.

6.

Alte Männer und junge dazu,
Die horchen ohne Säume,
Weil nun er, Olav Aasteson,
Erzählet seine Träume.
    Ja, das war Olav Aasteson,
    Entschlafen war er so lange.

II.

7.

Ich legt' mich hin zur Weihenacht,
Und starker Schlaf mich umfing.
Wachte nicht auf vorm dreizehnten Tag,
Da 's Volk zur Kirch' hinging.
    Der Mond scheint helle,
    Und weithin fallen die Wege.

8.

Ich bin gewesen in Wolkenhöh'
Und tief in Meeres Grunde.
Wer da will folgen meiner Spur,
Nicht lacht er mit heiterem Munde.
    Der Mond scheint helle,
    Und weithin fallen die Wege.

9.

Ich bin gewesen in Wolkenhöh'
Und stürzte in grundlose Teiche.
Geschauet hab' ich der Hölle Glut
Und ein Teil der himmlischen Reiche.
    Der Mond scheint helle,
    Und weithin fallen die Wege.

10.

Ich fuhr hin übern heiligen Strom
Und über tiefe Tale,
Höre die Wasser und schaue sie nicht,
Wohl unter der Erden sie fahren.
    Der Mond scheint helle,
    Und weithin fallen die Wege.

11.

Nicht wiehert' mein Roß,
Nicht bellte mein Hund,
Nicht sangen die Frühvögelein.
Das deucht mir war doch ein Wunder.
    Der Mond scheint helle,
    Und weithin fallen die Wege.

12.

Erst ward ich außer Sinn's verzückt,
Fuhr über die Dornenheide.
Verrissen wurde mein Scharlachkleid
Und Näglein der Füße beide.
    Der Mond scheint helle,
    Und weithin fallen die Wege.

13.

Da kam ich auf die Gjallarbrücke,
Die hing so hoch im Winde.
Mit Gold ist sie beschlagen ganz
Und Stacheln in jedem Gebinde.
    Der Mond scheint helle,
    Und weithin fallen die Wege.

14.

Die Schlange haut, der Hund, er beißt,
Der Stier steht mitten im Gange.
Drei sind der Dinge am Gjallarsteig,
Und alle sind krümme und bange.
    Der Mond scheint helle,
    Und weithin fallen die Wege.

15.

Es beißt der Hund, und die Schlange sticht,
Der Stier, er steht und will rammen.
Kommen all' nicht übern Gjallarsteig,
Die mit falschem Gerichte verdammen.
    Der Mond scheint helle,
    Und weithin fallen die Wege.

16.

Ich bin gegangen die Gjallarbrücke,
Ein widrig arges Gebäu.
Durchwatet hab' ich das Mühemoor,
Nun bin ich dem ledig und frei.
    Der Mond scheint helle,
    Und weithin fallen die Wege.

17.

Durchwatet hab' ich das Mühemoor,
Dem reicht ich nicht mehr auf den Grund.
So bin ich gegangen die Gjallarbrücke
Mit Totenerde im Mund.
    Der Mond scheint helle,
    Und weithin fallen die Wege.

18.

So kam ich zu den Wassern hin;
Dort brennen die Eise blau.
Doch Gott schoß es ins Herze mein,
Daß ich darnach nicht schau.
    Der Mond scheint hell,
    Die Wege fallen weithin.

19.

So ging ich auf den Winterweg
Gar wohl zur rechten Hand.
Da schaut ich mir das Paradies,
Es leuchtet über schöne Land'.
    Der Mond scheint hell,
    Die Wege fallen weithin.

20.

Da sah ich die heilge Gott'smutter mein;
Nichts Lieberes konnt' mir geschehn:
«Mach dich auf nach Brokksvalin,
Dort soll das Gericht stehn.»
    Hell scheint der Mond,
    Die Wege fallen weithin.

21.

Ich war da in der andern Welt,
In Nächten gar vielen und langen.
Das weiß Gott im Himmelreich,
Wie viele sah ich da bangen.
   In Brokksvalin,
    Da soll das Gericht stehn.

22.

Fand da erst einen Bösgesell,
So einen sahe ich nie.
Ein Knäblein trug er im Schoße,
Ging in der Erden bis an die Knie.
   Im Schmerzenshofe,
    Da soll das Gericht stehn.

23.

Dann kam ich zu dem Manne hin,
Sein Mantel war von Blei.
Sein' arme Seel' in dieser Welt,
Vom Geiz kam sie nicht frei.
   Im Schmerzenshofe,
    Da soll das Gericht stehn.

24.
Kam weiter zu den Männern allen,
Die trugen glühende Erde.
Gott gnade den armen Seelen wohl,
Versetzten Markstein' im Walde.
    Im Hof der Bedrängnis,
    Da soll das Gericht stehn.

25.
Kam dann zu den Kindern hin,
Die standen hoch auf Gluten.
Gott gnade den sündigen Seelen,
Sie fluchten Vater und Mutter.
    Im Schmerzenshofe,
    Da soll das Gericht stehn.

26.
So kam ich vor das Schandhaus hin,
Waren Hexenweiber drinnen.
Sah sie buttern in rotem Blut;
Das wollt ihnen schwer gelingen.
    In Brokksvalin,
    Da soll das Gericht stehn.

27.

Wie ist es heiß im Höllenpfuhl,
So heiß es keiner je gewahrte.
Da hängten sie drüber 'nen Teerkessel hin
Und brockten hinein eines Böslings Schwarte.
    In Brokksvalin,
    Da soll das Gericht stehn.

28.

Da kam die Jagd vom Norden her,
Und die ritt gar scharfen Trapp.
Voran ritt Grutte Graubart
Mit all seinem wilden Pack.
    In Brokksvalin,
    Da soll das Gericht stehn.

29.

Ja, so kam die Fahrt von Norden,
Die dünkt mich das Schwärzeste längst.
Voran ritt Grutte Graubart;
Er ritt auf schwarzem Hengst.
    In Brokksvalin,
    Da soll das Gericht stehn.

30.
Da kam die Jagd von Süden her,
Wie's um die stille ist.
Vorn reitet der heilige Michael,
Der Nächste des Jesu Christ.
In Brokksvalin,
Da soll das Gericht stehn.

31.
Ja, so kam die Fahrt von Süden;
Sie dünkt mich des Höchsten wert.
Vorn reitet der heilige Seelen-Michael,
Er reitet auf weißem Pferd.
In Brokksvalin,
Da soll das Gericht stehn.

32.
So kam der Zug von Süden her;
Der deucht mich währte lange.
Vorn ritt der heilige Seelen-Michael,
Die Lur, die lag ihm im Arme.
In Brokksvalin,
Da soll das Gericht stehn.

33.

Das war aller Seelen Michael,
Er blies in die Lur, die lange.
Nun soll'n all die Seelen gehen
Vor das Gericht, das bange.
  Im Schmerzenshofe,
  Da soll das Gericht stehn.

34.

Wie da schauern alle Sündenseelen,
Wie Espenlaub vorm Winde.
Und jedwede Seel' da war,
Die weinte um ihre Sünde.
  Im Hof der Bedrängnis,
  Da soll das Gericht stehn.

35.

Das war der hochheilige Michael,
Der wog im Schalenmaß.
Drin wog er alle Sündenseelen
Hin zu Jesum Christ.
  In Brokksvalin,
  Da soll das Gericht stehn.

V

36.

Selig, wer auf der Erden hier
Den Armen kleidet Schuh.
Er kann wohl auch die Dornenheide
Barfuß gehn in Ruh.
  Die Zunge redet
  Und Wahrheit zeuget am Richttag.

37.

Selig, wer in diesem Reich
Den Armen gibt vom Brot.
Er fürchtet nicht die Geisterwelt
Um bellender Hunde Not.
  Die Zunge redet
  Und Wahrheit zeuget am Richttag.

38.

Selig, wer in dieser Welt
Den Armen gibt vom Korn.
Er fürchtet nicht auf der Gjallarbrücke
Des Stieres scharfes Horn.
  Die Zunge redet
  Und Wahrheit zeuget am Richttag.

39.
Selig, wer auf der Erden hier
Den Armen Kleider reicht.
Er muß nicht fürchten in andrer Welt,
Daß er dem Quellengletscher weicht.
    Die Zunge redet
    Und Wahrheit zeuget am Richttag.

VI.

40.
Alte Männer und junge dazu,
Die horchen ohne Säume.
Das war er, Olav Aasteson.
Nun hat er erzählt seine Träume.
    Steh auf, du, Olav Aasteson,
    Entschlafen warst du so lange.

Aus: Traumlied des Olav Aasteson, im Wortlaut der norwegischen Volkssprache herausgegeben und zu den alten Weisen ins Deutsche übertragen von Erich Trummler, Stuttgart 1927

DIE HEILIGKEIT
DES SCHLAFS

Die Begegnung mit dem *G*enius

Es ist für viele Menschen in unserer materialistischen Zeit sehr, sehr schwierig, dasjenige zu empfinden, was ich nennen möchte: die Heiligkeit des Schlafes. Wenn erlebt wird, daß geradezu die in der Menschheit geltende Intelligenz allen Respektes entbehrt für die Heiligkeit des Schlafes, so ist das eine weittragende Kulturerscheinung. Solche Dinge sollen ja nicht getadelt werden, sie sollen auch nicht in dem Sinne hier aufgezählt werden, daß sie zu einer nun einmal nicht durchzuführenden Asketik führen. Wir müssen mit der Welt leben, aber wir müssen sehend mit der Welt leben ... Man denke nur, wie viele Menschen, die mit rein dem Materiellen Zugewendeten die Abendstunden verbringen, sich dann dem Schlafe übergeben, ohne die Empfindung zu entwickeln – sie wird ja nicht recht lebendig aus der materialistischen Gesinnung heraus – ohne die Empfindung zu entwickeln: Der Schlaf vereinigt uns mit der geistigen Welt, der Schlaf schickt uns hinüber in die geistige Welt. – Und wenigstens sollten die Menschen nach und nach dasjenige entwickeln, was sie sich mit den Worten sagen können:

Ich schlafe ein.
Bis zum Aufwachen wird meine Seele
in der geistigen Welt sein.
Da wird sie
der führenden Wesensmacht
meines Erdenlebens begegnen,
die in der geistigen Welt vorhanden ist,
die mein Haupt umschwebt,
da wird sie dem Genius begegnen.
Und wenn ich aufwachen werde,
werde ich die Begegnung mit dem Genius gehabt haben.
Die Flügel meines Genius
werden herangeschlagen haben an meine Seele.

Rudolf Steiner in einem Vortrag am 20. Februar 1917, in GA 175

Dieser Vortrag, eine wunderbare Anregung zur «mystischen Vertiefung», behandelt die drei Begegnungen der Seele: eine Begegnung jede Nacht mit dem Genius, eine Begegnung jedes Jahr in der Zeit der zwölf heiligen Nächte mit dem Christus und eine Begegnung in der Lebensmitte mit dem vatergöttlichen Prinzip.

Siehe: Rudolf Steiner, Bausteine zu einer Erkenntnis des Mysteriums von Golgatha (1917), GA 175, 3. Aufl. Dornach 1996

DIE BEGEGNUNG MIT DEM *C*HRISTUS

Eine höhere Begegnung ist die zweite ... Schon aus der
Andeutung, die ich gegeben habe, können Sie entnehmen,
daß diese erste Begegnung mit dem Genius zusammenhängt mit dem *Tageslauf.* Sie würde, wenn wir unser äußeres Leben ganz anpassen würden als mehr unfreie Menschen, als wie wir sie sind während der modernen Kultur,
zusammenfallen mit der Mitternachtsstunde. In jeder
Mitternachtsstunde würde der Mensch diese Begegnung
mit dem Genius haben. Aber darauf beruht die Freiheit des
Menschen, daß sich das verschiebt. Also das, wo das Ich
sich mit dem Genius begegnet, das verschiebt sich. Dagegen kann sich viel weniger verschieben die zweite Begegnung. Denn dasjenige, was mehr an den astralischen Leib
und Ätherleib gebunden ist, das verschiebt sich weniger
gegenüber der makrokosmischen Ordnung. Was mit dem
Ich und physischen Leib verbunden ist, das verschiebt sich
für den heutigen Menschen sehr stark. Die zweite Begegnung ist daher schon mehr an die große makrokosmische
Ordnung gebunden. Diese zweite Begegnung ist nun

ebenso an den Jahreslauf gebunden, wie die erste an den Tageslauf gebunden ist ...

Das Leben des Menschen in seiner Ganzheit verläuft tatsächlich nicht im ganzen Jahreslauf in gleichmäßiger Art, sondern der Mensch macht Veränderungen durch während des Jahreslaufes.

In der Sommerzeit, wenn die Sonne ihre höchste Wärmeentfaltung hat, da ist der Mensch viel mehr seinem physischen Leben anheimgegeben, und damit auch dem physischen Leben der Umgebung, als während der Winterzeit, wo der Mensch gewissermaßen kämpfen muß gegen die äußeren elementarischen Erscheinungen, wo er mehr auf sich angewiesen ist. Da reißt sich auch mehr sein Geistiges los – von sich und auch von der Erde –, und er ist mit der geistigen Welt, mit der ganzen geistigen Umgebung verbunden.

Daher ist die eigentümliche Empfindung, die wir mit dem Weihnachtsmysterium und dem Weihnachtsfest verbinden, keineswegs etwas Willkürliches, sondern sie hängt zusammen mit der Festsetzung des Weihnachtsfestes. In jenen Wintertagen, an denen das Fest angesetzt ist, da ist der Mensch in der Tat, wie die ganze Erde, dem Geiste hingegeben. Da durchlebt der Mensch gewissermaßen ein Reich, wo der Geist ihm nahesteht. Und die Folge davon ist eben das, daß um die Weihnachtszeit, so bis zu unserem heutigen Neujahr hin, der Mensch ebenso eine Begegnung seines Astralleibes mit dem Lebensgeist durchmacht, wie er für die erste Begegnung die Begegnung des Ich mit dem Geistselbst durchmacht. Und auf dieser Begegnung mit dem Lebensgeist beruht das Nahesein dem Christus Jesus. Denn durch den Lebensgeist offenbart sich der Christus Jesus. Er offenbart sich durch ein Wesen aus dem Reiche der Archangeloi. Selbstverständlich ist er ein unendlich viel höheres Wesen, aber nicht darauf kommt es jetzt an, sondern darauf, daß er sich offenbart durch ein Wesen aus dem Reiche der Archangeloi. So daß wir durch diese Begegnung für die heutige Entwickelung, für die Entwickelung seit dem Mysterium von Golgatha, eben dem Christus Jesus besonders nahestehen, und daß wir die Begegnung mit dem Lebensgeist in gewisser Beziehung auch die in den tiefen Untergründen der Seele vor sich gehende Begegnung mit dem Christus Jesus nennen können. Wenn nun der Mensch – sei es durch die Entwickelung des Geistesbewußtseins im Bereiche der religiösen Vertiefung und der religiösen Übung, oder sei es, diese religiöse Übung und religiöse Empfindung ergänzend, auch noch durch Aufnahme von Vorstellungen der Geisteswissenschaft –, wenn nun der Mensch sein Empfindungsleben vertieft, vergeistigt auf die geschilderte Weise, dann wird er ebenso, wie er im wachen Leben die Nachwirkung der Begegnung mit dem Genius erleben kann, erleben die Nachwirkung der Begegnung mit dem Lebensgeist beziehungsweise mit dem Christus. Und es ist tatsächlich so, daß in der Zeit, die nun auf die angedeutete Weihnachtszeit folgt, bis zur Osterzeit hin, die Verhältnisse ganz besonders günstig liegen, um sich zum Bewußtsein zu bringen die Begegnung des Menschen mit dem Christus Jesus.

Rudolf Steiner in einem Vortrag am 20. Februar 1917, in GA 175

Vom *T*räumen, vom *E*inschlafen und *A*ufwachen

Wir träumen von einem Toten. Wenn wir von einem Toten träumen, so ist das schon in sehr vielen Fällen – natürlich nicht in allen Fällen – herrührend von einer realen Beziehung zu dem Toten. Aber das, was wir träumen, insofern es dem Moment des Einschlafens folgt, ist eigentlich nur eine traumartige, bildhafte Umgestaltung desjenigen, was wir dem Toten mitteilen. Wir erleben nicht den Moment des Einschlafens, wo wirklich solche Gedanken, wie eben charakterisiert, zu dem Toten hinübergehen, weil dieser Moment des Einschlafens so schnell vorüberhuscht. Aber dieser Moment des Einschlafens klingt eigentlich nach in dem folgenden Schlafe, klingt in dem Traume aus. Wenn wir die Sache richtig verstehen, so werden wir Träume von Toten nicht auslegen als Botschaften von den Toten. Sie könnten es sein, werden es aber in der Regel nicht sein. Es sind halb uns zum Bewußtsein kommende Impulse, die uns das Folgende besagen. Träumen wir von einem Toten, so bedeutet das: Wir haben an einem vorhergehenden Tage einen solchen Gedanken an den Toten willkürlich oder unwillkürlich gerichtet, wie ich ihn charakterisiert habe. Dieser Gedanke hat den Weg zu dem Toten gefunden, und der Traum zeigt uns an, daß wir eigentlich zu dem Toten gesprochen haben. Das, was der Tote uns dann antwortet, was der Tote uns mitteilt, diese Botschaften vom Toten, die kommen besonders leicht herein im Moment des Aufwachens. Und sie würden sich viel leichter einstellen für die sogenannten Lebenden, wenn diese in unserer gegenwärtigen Zeit nur überhaupt Zeit hätten, Neigung hätten, ein wenig achtzugeben auf dasjenige, was zwischen den Zeilen des Lebens aus tiefen Untergründen des Bewußtseins heraufkommt.

Rudolf Steiner im Vortrag vom 23. Februar 1918 (GA 174 b)

*

Das ist das eigentümlichste Erlebnis, das man haben kann, dieses Hineinschauen in das Unergründliche der geistigen Zusammenhänge, in denen die Menschenseele drinnensteht. Beim aufmerksamen Verfolgen gewisser intimer Seelenvorgänge ergibt sich zum Beispiel, daß diejenigen Seelenkonflikte, die der Mensch auch in den Tiefen der Seele erlebt und die er in Kunstwerken, in den Tragödien darstellt, verhältnismäßig leicht zu überschauen sind gegenüber gewissen allgemein menschlichen Seelenkonflikten, von denen das tägliche Leben eigentlich nichts ahnt, und die doch jeder Mensch in jedem Lebensalter durchmacht.

Ein solcher Seelenkonflikt, den man durch die Geistesforschung entdeckt, spielt sich zum Beispiel, ohne daß das alltägliche Bewußtsein etwas davon weiß, jeden Tag beim Aufwachen ab, wenn die Seele aus der Welt heraustritt, in welcher sie unbewußt während des Schlafes ist, wenn sie wieder untertaucht in ihren physischen Leib. Wie gesagt, das alltägliche Bewußtsein ahnt nichts davon, und doch spielt sich da als Erlebnis der Seele alltäglich auf dem Grunde dieser Seele ein Kampf ab, den man auch in der Geistesforschung nur leise erhaschen kann, ein Kampf, der alles das in sich schließt, was man nennen kann den Kampf der in sich geschlossenen, sich in sich erlebenden, einsamen und ihre Geisteswege suchenden Seele mit den gigantischen Kräften des Naturdaseins, denen wir ja im äußeren Leben gegenüberstehen, wenn wir gewissermaßen menschlich-hilflos dastehen und erleben, wie Donner und Blitz, wie die Elemente sich über den hilflosen Menschen entladen.

Aber das alles, und selbst, wenn es so gigantisch auftritt, wie manche nur seltenen elementarischen Naturerlebnisse in ihrem Verhältnis zum Menschen, ist eine Kleinigkeit gegenüber dem Kampfe, der im Unbewußten bleibt, der sich abspielt beim Aufwachen, wenn die Seele, die in sich

111

ihr seelisches Dasein erlebt, sich nun verbinden muß mit den Kräften und Substanzen des rein natürlichen Leibes, in welchen sie untertaucht, um sich ihrer Sinne wieder zu bedienen, die von Naturkräften beherrscht werden, und um sich der Gliedmaßen zu bedienen, in denen Naturkräfte spielen. Es ist wie eine Sehnsucht der Menschenseele, in das rein Natürliche unterzutauchen, eine Sehnsucht, die sich ja bei jedem Aufwachen erfüllt, und zu gleicher Zeit ist es wie ein Zurückbeben, ein Sichhilflosfühlen gegenüber dem, was wieder als ewiger Gegensatz zur Menschenseele existiert, gegenüber dem rein Natürlichen, das in der äußeren Leiblichkeit waltet, in die hinein man erwacht. So sonderbar es klingt, daß ein solcher Kampf sich täglich abspielt auf dem Grunde der Menschenseele, so ist es doch ein Erlebnis, das an der Menschenseele eben unbewußt vorbeizieht. Wissen kann die Menschenseele nicht, was sich da vollzieht, aber sie erlebt diesen Kampf jeden neuen Morgen, und es steht jede Seele, trotzdem sie nichts davon weiß, durch alles, was sie ist, durch ihre ganzen Eigenschaften, durch ihr ganzes Wesen, durch die individuelle Nuance ihres Seins doch unter dem Eindrucke dieses Kampfes.

Ein anderes, was sich in den Tiefen der Menschenseele abspielt und durch die Geistesforschung wie erhascht werden kann, ist das, was der Moment des Einschlafens darstellt. Wenn die Menschenseele sich aus den Sinnen und aus den Gliedmaßen herausgezogen hat, wenn sie gewissermaßen den äußeren Leib in der physisch-sinnlichen Welt zurückgelassen hat, dann tritt an sie heran das, was man nennen kann ein Fühlen ihrer Innerlichkeit. Dann erst erlebt sie unbewußt die inneren Kämpfe, die sich dadurch abspielen, daß diese menschliche Seele im Leben an die äußere Materie gebunden ist und Dinge tun muß, die davon herkommen, daß sie mit der äußeren Materie verstrickt ist. Sie fühlt die Anhängsel mit der Sinneswelt, mit denen sie belastet ist, und sie fühlt diese Anhängsel als die Hindernisse, welche sie moralisch zurückhalten. Eine moralische Stimmung, von der alle äußeren moralischen Stimmungen keinen Begriff geben können, spielt sich unbewußt und nach dem Einschlafen in den Schlaf hinein in der Menschenseele ab, wenn sie mit sich allein ist. Und mancherlei andere Stimmungen gehen in der Seele gerade dann vor, wenn diese Seele leibfrei ist, wenn sie ein rein geistiges Dasein führt vom Einschlafen bis zum Aufwachen.

Rudolf Steiner im Vortrag vom 6. Juni 1913 (GA 62)

DIE SIEBEN TAGE DER WOCHE

ENTSPRECHUNGEN

DIE SIEBEN-TAGE-WOCHE

Die Geschichte der Kalendersysteme ist eine wechselvolle. Allein die Gliederung der Woche in sieben Tage und ihre lückenlose Aneinanderreihung durch die Monate, Jahre und Jahrhunderte hindurch hat alle Reformen und Änderungen gleichbleibend überstanden. Wir finden die Sieben-Tage-Woche zuerst im Kalender der Juden im Anschluß an den Schöpfungsbericht in der Bibel (Gen. 1–2, 4). Bei ihnen hatte aber nur der Sabbat als gottgeweihter Ruhetag einen eigenen Namen. Später benannten die Sumerer und Chaldäer die sieben aufeinanderfolgenden Tage mit den Namen von Sonne, Mond und den fünf bekannten Planeten. Durch die ägyptischen Astrologen und das Judentum wurde die siebentägige Woche im ersten vorchristlichen Jahrhundert den Griechen und Römern bekannt und fand dort allmähliche Aufnahme. Mit der Ausbreitung des Christentums wurde der christliche Sonntag, der seit den apostolischen Zeiten als Dominica, «Tag des Herrn», an die Stelle des jüdischen Sabbat getreten war, durch Kaiser Konstantin d. Gr. im Jahre 321 als staatlicher Fest- und Ruhetag für das ganze Römerreich eingeführt. Noch vor ihrer Bekehrung zum Christentum übernahmen die

117

Germanen im 3./4. Jh. n. Chr. die Sieben-Tage-Woche von den Römern. Nur setzten sie an die Stelle der römischen Götternamen die Namen ihrer eigenen Götter. Nach dem orientalischen Vorbild gaben auch die Römer den einzelnen Tagen der Woche den Namen der sieben «Planeten» der Erde, zu denen man damals die Sonne, den Mond, den Mars, den Merkur, den Jupiter, die Venus und den Saturn rechnete.

Sonntag: Dies solis (lat.), Tag der Sonne.

Montag: Dies lunae (lat.), Tag des Mondes.

Dienstag: Dies Martis (lat.), Tag des Mars (römischer Kriegsgott), franz. Mardi; von den Germanen ersetzt durch ihren Kriegsgott Ziu (alemannisch Ziustag).

Mittwoch: Dies Mercurii (lat.), Tag des Merkur (röm. Gott des Handels), franz. Mercredi; von den Germanen ersetzt durch ihren Gott Wodan, engl. Wednesday.

Donnerstag: Dies Jovis (lat.), Tag des Jupiter, franz. Jeudi; von den Germanen ersetzt durch ihren Gott Donar, Donars Tag.

Freitag: Dies Veneris (lat.), Tag der Venus, franz. Vendredi; von den Germanen ersetzt durch ihre Göttin Freya.

Samstag: Dies Saturni (lat.), Tag des Saturn, engl. Saturday.

Das Erleben der Wochentage

Friedrich Doldinger

Früher nannte man geisterhöhte, eingeweihte Persönlichkeiten «Sterne». Der Name des großen Zarathustra zum Beispiel besagt so viel wie «Goldstern». Will man das Wesen der Sterne erfahren, dann muß man selbst sich auf den Weg begeben, ein Stern zu werden. Das Märchen von den Sterntalern bringt dies noch zum Ausdruck. Das Kind, das in völliger Selbstlosigkeit alles den andern hingab, wird zuletzt mit den Sternen bekleidet. In dem ganz in Selbstlosigkeit und Liebe getauchten Leben des Christus Jesus konnte sich der Geist der Sterne wieder offenbaren, den die Menschen verloren hatten. Was wir äußerlich von den Sternen und ihren Taten sehen, ist nur ihr Antlitz. Durch dieses wirkt aber, wie beim Antlitz des Menschen, eine Wesenheit mit bestimmten Eigenschaften. Je vollkommener wir diese Eigenschaften nacherleben können, desto näher sind wir den Sternen und desto mehr tragen wir ihre Wesenheit ins Erdenleben. Bedenkt man, wie zum Beispiel jeder einzelne Wochentag einem Planeten zugeordnet ist, so wird dies vielleicht anschaulich.

119

Eine besondere Hilfe kann dabei sein, wenn man sich für jeden Tag die großen Fähigkeiten der Planetenwesenheit vor die Seele stellt, welcher der Wochentag zugeordnet ist: Wie die Namen schon sagen, gehört zum Sonntag die Sonne, zum Montag der Mond. Zum Dienstag gehört der Mars; im Alemannischen lautet das Wort noch Ziestig, das kommt von Ziustag, Tag des Ziu; Ziu ist der Kriegsgott der alten Germanen und entspricht dem römischen Mars; im Französischen heißt er noch Mardi, das ist zusammengezogen aus Martis dies, der Tag des Mars. Mittwoch bezeichnet die Mitte der Woche, im Französischen heißt es noch Mercredi, von Mercurii dies, der Tag des Merkur; Merkur war im Volksbewußtsein als Götterbote und Gott des Handels lebendig. In manchen Gegenden ist immer noch der Mittwoch der Markttag. Donnerstag ist der Tag des Donar, des Donnerers; diesem entspricht der römische Jupiter, der Herrscher der neuen Götterwelt; im Französischen heißt es Jeudi von Jovis dies, Tag des Jupiter. Freitag ist Freyas Tag, französisch Vendredi von Veneris dies, Tag der Venus; Freya war, wie Venus bei den Römern, die Göttin der Schönheit; Schwan und Katze waren ihre heiligen Tiere, sie spendet Menschen und Feldern Lebensglück, den Kämpfern Begeisterung; bei den Römern galt Venus insbesondere auch als die Göttin der Gärten und des Gemüsebaues. Zum Samstag gehört der Saturn; im Englischen heißt es noch Saturday, Saturns Tag.

Warum verbindet sich nun aber im Volksbewußtsein mit Venus und Freya im Mittelalter und heute die Anschauung der Verführung zu sinnlicher Wollust? Diese Vorstellung hat sich so stark eingelebt, daß es fast nicht möglich ist, den Namen der Venus auszusprechen, ohne diese Vorstellung anzuregen. Was ist nun richtig? Man sieht daraus, wie wichtig es ist, ein Bewußtsein von der Polarität der Welterscheinungen zu entwickeln; Agrippa von Nettesheim (1486–1535) unterschied noch im Wesen eines Planeten seine Intelligenz – so nannte man die führenden guten Geister – und seinen Dämon. So ist die «Intelligenz» der Venus verbunden mit allem Schönen der Welt, den Offenbarungen von Kunst und Religion; das Dämonion mit der Wollust. So ist die Intelligenz der Sonne reine Liebe, ihr Dämon Grausamkeit. Ein Bild dessen, wie die mehr ungünstigen Eigenschaften der Planeten im Aufstieg der Seele zurückgelassen, innerlich überwunden werden müssen, gibt ein Teil der alten Mithras-Einweihung. Da mußte die Seele zurücklassen: dem Monde die Kräfte der Ernährung, dem Merkur den Geiz, der Venus die Gelüste, der Sonne die bloße Erfahrung, dem Mars die Kriegslust, dem Jupiter die Ruhmsucht, dem Saturn die Trägheit …

Die Reihenfolge der Wochentage beziehungsweise ihrer Planeten entspricht zugleich den Entwicklungszuständen der Erde in Vergangenheit, Gegenwart und Zukunft

121

gemäß den Schilderungen, wie sie Rudolf Steiner gibt in «Die Geheimwissenschaft im Umriß»; wobei für die jetzige Erde Mars und Merkur zusammengenommen werden können. Nach den Angaben der Geisteswissenschaft wirken in der ersten Hälfte der jetzigen Erdenentwicklung mehr die Kräfte des Mars, in der zweiten die des Merkur. In äußerer Geschichtsbetrachtung wäre diese Angabe zu stützen durch den Hinweis auf das ungeheuer Blutige in den andauernden kriegerischen Verwicklungen der früheren Zeiten; und Weltwirtschaft, Welthandel und Weltverkehr in der Gegenwart, denen zweifellos noch größere Entwicklungen in der Zukunft beschieden sind. Aber auch wenn man bedenkt, wie im heutigen Sonnenkosmos Mond, Merkur, Venus als die inneren Planeten diesseits der Sonne, Mars, Jupiter und Saturn jenseits als die äußeren Planeten wirken, ergibt sich die Reihenfolge der Wochentage als eine sehr sinnvolle. Es folgt auf einen inneren Planeten jeweils ein äußerer, und zwar in aufsteigender Reihenfolge gegen die Peripherie des Sonnenkosmos. Dabei kann die Sonne sowohl als Mittelpunkt zwischen Innen und Außen wie auch als Ziel des Ganzen empfunden werden. Nimmt man hierzu die Angaben Rudolf Steiners, wie in Mond, Merkur, Venus die schicksalbestimmenden, in Mars, Jupiter, Saturn die schicksalbefreienden Planeten walten, so ergibt sich im Erleben der Wochentage ein wundervoller Rhythmus: Es folgt auf einen schicksalbestimmenden jeweils ein schicksalbefreiender Planet. In diesem Rhythmus liegt, wenn der Mensch ihn innerlich im Bedenken der den einzelnen Wochentagen zugeordneten Planetenindividualitäten mitmacht, etwas ungeheuer Kraftvolles, Großzügiges und Harmonisierendes …

Aus: Sternkalender Ostern 1930/31, Dornach 1930

Für die Tage der Woche

Wenn die Zeit vom Heiligabend bis zum Dreikönigstag die «mystische Vertiefung» in besonderer Weise begünstigt, liegt es nahe, jeden Tag eine Weile dem «Tagesplaneten» zu widmen: am Samstag dem Saturn, am Sonntag der Sonne, am Montag dem Mond und so weiter. Es gibt zahllose Möglichkeiten, sich der Atmosphäre dieser sieben Kräftewesen sinnend zu nähern. Eine ist, die aus der Geisteswissenschaft und aus alten Überlieferungen bekannten Entsprechungen zu bedenken: zum Beispiel Saturn – Blei, Sonne – Gold und so weiter. Siehe dazu die Zusammenfassung eines Kapitels aus Johannes Hemlebens Buch «Symbole der Schöpfung» (Stuttgart 1931): «Von den sieben Bäumen der sieben Planeten», in der auch die Beziehungen zwischen den Planetenkräften und den Bäumen und Metallen angedeutet werden. Eine Betrachtung der Vokale (Saturn – U, Sonne – AU, Mond – EI und so weiter) und ihrer eurythmischen Gestaltung ergeben weitere Übungsfelder.

Eine noch andere Möglichkeit liegt im Befolgen der sogenannten Nebenübungen «Für die Tage der Woche», die Rudolf Steiner, in Ergänzung seiner Anweisungen in «Wie erlangt man Erkenntnisse der höheren Welten?» (1904/5), für die esoterischen Schüler gegeben hat (siehe dazu: Rudolf Steiner, Anweisungen für eine esoterische Schulung, GA 245, woraus die folgenden Texte entnommen sind).

Samstag (für Sonntag) achtet man dabei besonders auf seine Vorstellungen und Gedanken; Sonntag (für Montag) auf sein Handeln, auf seine Entschlüsse und so weiter.

Von den sieben *B*äumen der sieben *P*laneten

Es spricht der silberne Mond zur Maienzeit durch den blühenden Kirschbaum, dessen Blüten im Sommer zu Früchten reifen:

«O Mensch, verwandle gleich der Pflanze das Untere in das Obere,

Läutere die Triebe. Werde reif und ernte Lebensfrüchte.»

Es spricht der quecksilberne Merkur durch das lebendige Wachstum der Ulme und deren geflügelte Samen:

«O Mensch, bewege dich, sei regsam, lebendig und schnell.»

Es spricht die kupferne Venus durch die jungfräuliche, weißschimmernde Birke, die schwach wurzelt und viel Licht trinkt:

«O Mensch, bilde an deiner Seele. In Zartheit bewundere liebend die Schönheit aller Welt.»

Es spricht die durchlichtete, hochragende Esche, der Baum der goldenen Sonne:

«O Mensch, sei aufrecht und vornehm. Vergeude dich nicht an Unwürdiges. Sei dir deines Menschenadels wohl bewußt.»

Es spricht der knorrige Eichbaum, der Diener des eisernen Mars:

«O Mensch, wurzele in Tiefen und rage in Höhen. Sei kraftvoll und stark. Sei Kämpfer, Ritter und Schützer.»

Es spricht der Ahorn mit seinen gespreiteten Blättern, der Baum des Jupiter, dem das Zinn heilig ist:

«O Mensch, überwinde die Hast und die Hetze in dir. Suche Stunden der Ruhe, in denen Güte und Weisheit geboren werden können.»

Es spricht der bleierne Saturn durch die Bäume des dunklen Waldes, durch Tannen, Buchen und Zypressen:

«O Mensch, fühle die Verantwortung für die Not deiner Zeit und der ganzen Menschheit. Ergreife mit Innigkeit und Ernst die Aufgabe, die dir das Leben stellt.»

FÜR DIE TAGE DER WOCHE.
ÜBUNGEN

Samstag

Auf seine *Vorstellungen* (Gedanken) achten. Nur bedeutsame Gedanken denken. Nach und nach lernen, in seinen Gedanken das Wesentliche vom Unwesentlichen, das Ewige vom Vergänglichen, die Wahrheit von der bloßen Meinung zu scheiden.

Beim Zuhören der Reden der Mitmenschen versuchen, ganz still zu werden in seinem Innern und auf alle Zustimmung, namentlich alles abfällige Urteilen (Kritisieren, Ablehnen), auch in Gedanken und Gefühlen, zu verzichten.

Dies ist die sogenannte «*richtige Meinung*».

Sonntag

Nur aus begründeter voller Überlegung heraus selbst zu dem Unbedeutendsten sich *entschließen*. Alles gedankenlose Handeln, alles bedeutungslose Tun soll von der Seele ferngehalten werden. Zu allem soll man stets wohlerwogene Gründe haben. Und man soll unbedingt unterlassen, wozu kein bedeutsamer Grund drängt.

Ist man von der Richtigkeit eines gefaßten Entschlusses überzeugt, so soll auch daran festgehalten werden in innerer Standhaftigkeit.

Dies ist das sogenannte *«richtige Urteil»*, das nicht von Sympathie und Antipathie abhängig gemacht wird.

Montag
Das Reden. Nur was Sinn und Bedeutung hat, soll von den Lippen desjenigen kommen, der eine höhere Entwickelung anstrebt. Alles Reden um des Redens willen – zum Beispiel zum Zeitvertreib – ist in diesem Sinne schädlich.

Die gewöhnliche Art der Unterhaltung, wo alles bunt durcheinander geredet wird, soll vermieden werden; dabei darf man sich nicht etwa ausschließen vom Verkehr mit seinen Mitmenschen. Gerade im Verkehr soll das Reden nach und nach zur Bedeutsamkeit sich entwickeln. Man steht jedem Rede und Antwort, doch gedankenvoll, nach jeder Richtung hin überlegt. Niemals ohne Grund reden! Gerne schweigen. Man versuche, nicht zu viel und nicht zu wenig Worte zu machen. Zuerst ruhig hinhören und dann verarbeiten.

Man heißt diese Übung auch: *«das richtige Wort».*

Dienstag
Die äußeren Handlungen. Diese sollen nicht störend sein für unsere Mitmenschen. Wo man durch sein Inneres (Gewissen) veranlaßt wird zu handeln, sorgfältig erwägen, wie man der Veranlassung für das Wohl des Ganzen, das dauernde Glück der Mitmenschen, das Ewige, am besten entsprechen könne.

Wo man aus sich heraus handelt – aus eigener Initiative –, die Wirkungen seiner Handlungsweise im voraus auf das gründlichste erwägen.

Man nennt das auch *«die richtige Tat»*.

Mittwoch
Die Einrichtung des Lebens. Natur- und geistgemäß leben, nicht im äußeren Tand des Lebens aufgehen. Alles vermeiden, was Unruhe und Hast ins Leben bringt.

Nichts überhasten, aber auch nicht träge sein. Das Leben als ein Mittel zur Arbeit, zur Höherentwickelung betrachten und demgemäß handeln.

Man spricht in dieser Beziehung auch vom *«richtigen Standpunkt»*.

Donnerstag
Das menschliche Streben. Man achte darauf, nichts zu tun, was außerhalb seiner Kräfte liegt, aber auch nichts zu unterlassen, was innerhalb derselben sich befindet.

Über das Alltägliche, Augenblickliche hinausblicken und sich Ziele (Ideale) stellen, die mit den höchsten Pflichten eines Menschen zusammenhängen, zum Beispiel deshalb im Sinne der angegebenen Übungen sich entwickeln wollen, um seinen Mitmenschen nachher um so mehr helfen und raten zu können, wenn vielleicht auch nicht gerade in der allernächsten Zukunft.

Man kann das Gesagte auch zusammenfassen in: *«Alle vorangegangenen Übungen zur Gewohnheit werden lassen.»*

Freitag
Das Streben, möglichst viel vom *Leben zu lernen.*

Nichts geht an uns vorüber, das nicht Anlaß gibt, Erfahrungen zu sammeln, die nützlich sind für das Leben. Hat man etwas unrichtig oder unvollkommen getan, so wird das ein Anlaß, ähnliches später richtig oder vollkommen zu machen.

Sieht man andere handeln, so beobachtet man sie zu einem ähnlichen Ziele (doch nicht mit lieblosen Blicken). Und man tut nichts, ohne auf Erlebnisse zurückzublicken, die einem eine Hilfe sein können bei seinen Entscheidungen und Verrichtungen.

Man kann von jedem Menschen, auch von Kindern, viel lernen, wenn man aufpaßt.

Man nennt diese Übung auch *«das richtige Gedächtnis»*, das heißt sich erinnern an das Gelernte, an die gemachten Erfahrungen.

Zusammenfassung

Von Zeit zu Zeit Blicke in sein Inneres tun, wenn auch nur fünf Minuten täglich zur selben Zeit. Dabei soll man sich in sich selbst versenken, sorgsam mit sich zu Rate gehen, seine Lebensgrundsätze prüfen und bilden, seine Kenntnisse – oder auch das Gegenteil – in Gedanken durchlaufen, seine Pflichten erwägen, über den Inhalt und den wahren Zweck des Lebens nachdenken, über seine eigenen Fehler und Unvollkommenheiten ein ernstliches Mißfallen haben, mit einem Wort: das Wesentliche, das Bleibende herauszufinden trachten und sich entsprechende Ziele, zum Beispiel zu erwerbende Tugenden, ernsthaft vornehmen. (Nicht in den Fehler verfallen und denken, man hätte irgend etwas gut gemacht, sondern immer weiter streben, den höchsten Vorbildern nach.) Man nennt diese Übung auch *«die richtige Beschaulichkeit»*.

*E*NTSPRECHUNGEN

Planet, Metall, Vokal, Baum

Saturn	Blei	U	Tanne, Buche, Zypresse
Sonne	Gold	AU	Esche
Mond	Silber	EI	Kirschbaum
Mars	Eisen	E	Eiche
Merkur	Quecksilber	I	Ulme
Jupiter	Zinn	O	Ahorn
Venus	Kupfer	A	Birke

Die sieben Erzengel im Turnus

1. Samstag	Saturn	Orifiel
2. Sonntag	Sonne	Michael
3. Montag	Mond	Gabriel
4. Dienstag	Mars	Samael
5. Mittwoch	Merkur	Raphael
6. Donnerstag	Jupiter	Zachariel
7. Freitag	Venus	Anael

Die sieben planetarischen Stufen der Weltentwicklung

Saturn	Throne	physischer Leib
Sonne	Geister der Weisheit	Ätherleib
Mond	Geister der Bewegung, Dynamis	Astralleib
Erde	Geister der Form, Elohim	Ich
Jupiter	Engelstufe	Manas, Geistselbst
Venus	Erzengelstufe	Budhi, Lebensgeist
Vulkan	Archai	Atma, Geist

Die zwölf heiligen Tage und Nächte

vom 25. Dezember bis zum 5. Januar.

Entsprechungen

Die *T*IERKREISZEICHEN

Suso Vetter

In früheren Jahrhunderten haben die Menschen die zwölf heiligen Nächte und Tage in bedeutsamen Entsprechungen erlebt: jeder Tag entsprach einem Monat des Jahres, jeder Tag war ein Lostag – davon zeugen noch heute (teilweise pervertierte) Gebräuche.

Sergej O. Prokofieff hat in seinem einleitend zitierten Buch («Die zwölf heiligen Nächte und die geistigen Hierarchien») beschrieben, wie aus anthroposophischer Sicht ein zeitgemäßer, spiritueller Zugang gefunden werden kann. Warum er darin seinen Weg um den Tierkreis nicht mit dem Widder beginnt, sondern mit den Fischen, und mit dem Widder endet und ob auch andere Gesichtspunkte beziehungsweise Zuordnungen möglich sind, ist schon ein Thema, das in die Vertiefung führt. Was auf jeden Fall unumgänglich ist: eine Betrachtung der zwölf universellen Tierkreiskräfte. Suso Vetter, der jahrzehntelang den Dornacher «Sternkalender» betreut hat, versuchte in dessen Ausgabe von 1964/65 die zwölf Wesensbilder charakteristisch zu skizzieren.

April, Widder

Auf den alten Darstellungen ist das Zurückblicken des Widders charakteristisch. – In dem an das Haupt gebundenen Denken verbindet sich der Mensch mit dem ganzen Universum; er nimmt es gewissermaßen in sich herein, wird eins mit ihm. Vor seiner Geburt lebte er als übersinnliches Wesen ausgebreitet in diesem ganzen Kosmos darinnen. So ist das denkende Erfassen der Welt wie ein Zurückblicken in die Zeit vor der physischen Geburt.

Mai, Stier

Der Stier blickt auf den alten Bildern stets nach der Seite, um sich herum, und ist im Sprung. – Könnte der Mensch ein Bewußtsein von dem erlangen, was er vor seiner Geburt im kosmischen Umkreis durchlebt hat, so würde er erkennen, wie das Erlebte eine große innere Regsamkeit in ihm hervorruft. Die im Kosmos waltenden Rhythmen sind in den Menschen hereingenommen, verinnerlicht worden. Das ist mehr als das bloße Zurückschauen in das Universum mit dem Denken.

Juni, Zwillinge

Bei der Darstellung der Zwillinge kommt es auf das gegenseitige Umfassen mit den Armen an. – Auf den vorangehenden Stufen erlebt sich der Mensch noch ganz im Umkreis, er empfindet noch keine Innerlichkeit. Das Gewahrwerden einer Innerlichkeit beruht auf dem Betasten der eigenen Leiblichkeit, wie es zum Beispiel im gegenseitigen Erfassen der Hände geschieht, oder, in etwas anderer Weise, im Kreuzen der Augenachsen. Der Mensch ist dann zwar mit seinem Ich noch in der Außenwelt; aber er erlebt die Zweiheit von Ich und Welt.

Juli, Krebs

Beim Krebs ist das Charakteristische der abschließende Körperpanzer und das Umfassen der Beute mit den Scheren. – Dem Bewußtwerden der Innerlichkeit folgt die Scheidung von Innen und Außen. Es wird durch die Körperoberfläche eine Grenze zwischen Umwelt und Innenwelt gebildet. Der Mensch schließt sich als Eigenwesen gegenüber dem Weltall ab. Es differenziert sich aus dem Makrokosmos der Mikrokosmos heraus.

August, Löwe

Der Löwe hat die Brustregion mit Blut- und Atmungsorganen besonders ausgebildet. – Der im Vorangehenden entstandene Innenraum bedarf der Erfüllung, der Ausfüllung. Diese wird aus der Tierkreisregion des Löwen bewirkt. Ihr entstammen jene Kräfte, die den Menschen insbesondere mit einem innerlich Strömenden durchdringen. Im Blutkreislauf, der den ganzen Körper erfüllt und durchwellt, tritt dies in erster Linie in Erscheinung.

September, Jungfrau

In diesem Sternbild ist die Ähre, welche die Jungfrau in der Hand hält, besonders zu beachten. Die Ähre ist in dem Stadium zu denken, wo der Reifungsprozeß auf seinem Höhepunkt angelangt ist und das Korn eben beginnt, in die Dürre überzugehen. – Der Erfüllung der menschlichen Form folgt eine Reifung. Der Mensch wird innerlich wie eine Frucht, die sich gerade im Reifestadium befindet. Geht der Prozeß einen Schritt weiter, so wird die innerlich erfüllte Form zurückgebildet, beginnt sich aufzulösen.

Oktober, Waage

Das Sternbild der Waage weist auf das Halten eines Gleichgewichtes hin. – Der Reifung der Ähre folgt die Dürre und der Zerfall ins Mineralische. Ein solcher Vorgang vollzieht sich auch im Menschen. Er trägt einen Zerfallsprozeß in sich; er wird mineralisch. Damit ist eine Einordnung in die unorganische Welt, in die äußeren Naturgesetze verbunden. Der Mensch wird ein schwerer Körper, der insbesondere im Gehen das rechte Gleichgewicht in den Schwerekräften zu halten hat.

November, Skorpion

Das Wesentliche bei diesem Sternbild ist der Giftstachel des Skorpions. Der Mensch nimmt in der Nahrung und im Atem die äußere Welt in sich herein. Aber mit jeder Nahrungsaufnahme dringt etwas zunächst Fremdes ein, das wie eine leichte Vergiftung wirkt. Dagegen muß sich der Organismus wehren. Dieses Abwehren, dieses Sich-Behaupten, ist eine wesentliche Seite der Lebensprozesse. Der Mensch nimmt das Äußere auf, und dieses dringt wie eine Art Giftstachel in ihn ein.

Dezember, Schütze

Der Schütze ist als Kentaur dargestellt. – Nach der Formung der äußeren Gestalt und derjenigen im Innern nimmt der Mensch Anteil an der äußeren Welt. Er stellt sich, gewissermaßen kulturell, in seinen ursprünglichsten Betätigungen in die Erdenumgebung hinein. Dies wirkt formend auf sein ganzes Leben. Als erstes greift der Mensch als Jäger in die äußere Welt ein. Dieses Jägerdasein entspricht dem auf dem Tiere aufsitzenden Schützen.

Januar, Steinbock

Alle alten Darstellungen zeigen einen Bock mit Fischschwanz. – Der Steinbock zieht sich einerseits in die Einsamkeit der Bergwelt zurück, zeigt aber anderseits unter seinen Artgenossen einen ausgeprägten «Familiensinn». – Der Mensch verstärkt auf der nächsten Stufe seinen Eingriff in die Naturzusammenhänge. Er fängt das freie Wild ein. Er holt den Bock zu sich, zähmt ihn und macht ihn sich zunutze. Der Bock mit Fischschwanz ist ein Symbol für das gezähmte Tier.

Februar, Wassermann

Beim Wassermann ist ein Mensch dargestellt, der Wasser aus einer Urne gießt. – In der folgenden Entwicklungsstufe beginnt der Mensch die Erde zu bearbeiten. Er baut Pflanzen für seine Ernährung an und züchtet besondere Arten. Der Mensch wird Ackerbauer, Gärtner. Er schreitet über die Erde und begießt die Pflanzen. Dieses Ackerbauerdasein verdankt der Mensch Kräften, die aus der Tierkreisregion des Wassermanns stammen.

März, Fische

Die Fische durchschwimmen die Flüsse und Meere von Ufer zu Ufer. In der vierten Stufe der Erdentätigkeiten beginnt der Mensch die gewonnenen Produkte mit anderen Menschen auszutauschen; er wird Handeltreibender. Die Fische sind als ein Symbol für die warenbefördernden Schiffe anzusehen, die eine Nachbildung dieser Tiere sind. – Jäger, Tierzüchter, Ackerbauer und Handeltreibender sind die Urformen der menschlichen Erdentätigkeiten. Mit ihnen stellt sich der Mensch ganz auf die Erde und verbindet sich mit ihr.

142

Entsprechend den Übungen für die Tage der Woche hat Rudolf Steiner, anknüpfend an Anweisungen von H. P. Blavatsky, bestimmte Tugenden angegeben, die «zu meditieren und im Leben zu berücksichtigen» sind.

DIE MONATSTUGENDEN

April: Devotion (Ehrfurcht) wird zu Opferkraft.

Mai: Inneres Gleichgewicht wird zu Fortschritt.

Juni: Ausdauer (Durchhaltekraft, Standhaftigkeit) wird zu Treue.

Juli: Selbstlosigkeit wird zu Katharsis.

August: Mitleid wird zu Freiheit.

September: Höflichkeit wird zu Herzenstakt.

Oktober: Zufriedenheit wird zu Gelassenheit.

November: Geduld wird zu Einsicht.

Dezember: Gedankenkontrolle, Kontrolle der Sprache – Beherrschung der Zunge wird zu Wahrheitsempfinden.

Januar: Mut wird zu Erlöserkraft.

Februar: Diskretion, Verschwiegenheit wird zu Mediationskraft.

März: Großmut wird zu Liebe.

Aus: Rudolf Steiner, Anweisungen für eine esoterische Schulung, GA 245

WEITERE ENTSPRECHUNGEN

Nach Rudolf Steiner

Widder	Haupt	Idealismus
Stier	Genick	Rationalismus
Zwillinge	Schultern	Mathematismus
Krebs	Brustkorb	Materialismus
Löwe	Herz	Sensualismus
Jungfrau	Rumpf	Phänomenalismus
Waage	Hüften	Realismus
Skorpion	Genitalien	Dynamismus
Steinbock	Knie	Spiritualismus
Schütze	Oberschenkel	Monadismus
Wassermann	Unterschenkel	Pneumatismus
Fische	Füße	Psychismus

Wer noch mehr Übungsmotive sucht, findet solche in reicher Fülle. Als eine unerschöpfliche Quelle erweisen sich die Dichtung Rudolf Steiners «Die zwölf Stimmungen» (in GA 40) und die Hinweise für die Eurythmie (siehe dazu die dort angegebenen Entsprechungen zwischen Tierkreiskräften und Konsonanten, Farben und so weiter).

EPIPHANIE, DIE HEILIGEN DREI KÖNIGE

*E*PIPHANIE

Johannes Chrysostomus

Johannes mit dem Beinamen Chrysostomus («Goldmund»)
war der gefeiertste Prediger der griechischen Kirche. Er hielt,
vermutlich am 6. Januar 387 in Antiochien, eine Predigt, aus
der die folgenden Motive zitiert sind.

Wohlan, denken wir etwas über das heutige Fest nach.
Denn viele begehen zwar die Feste und kennen ihre Namen,
die Anlässe aber, denen sie entstammen, kennen sie nicht.
Daß das heutige Fest Epiphanie (Erscheinung) heißt, ist
zwar allen bekannt. Welches aber ist diese Epiphanie, und
gibt es eine oder gibt es zwei? Das wissen sie noch nicht.
Es dürfte doch höchst beschämend und gar lächerlich sein,
jedes Jahr dieses Fest zu feiern und seinen Anlaß nicht zu
kennen.

Die beiden Epiphanien
Zuerst muß ich euch nun sagen, meine Lieben, daß es nicht
eine, sondern zwei Epiphanien gibt. Das eine ist diese heu-

tige, die sich schon ereignet hat; das andere ist die künftige, die sich am Ende in Herrlichkeit ereignen wird. Über beide Epiphanien habt ihr heute von Paulus in der Darlegung an Titus folgendes gehört: über die heutige Epiphanie: «Erschienen ist die heilbringende Gnade Gottes allen Menschen, die uns erzieht, der Gottlosigkeit und den weltlichen Begierden abzusagen und besonnen, gerecht und fromm zu leben in dieser Welt» (Tit 2, 11f.); über die künftige: «In Erwartung der seligen Hoffnung und der Epiphanie der Herrlichkeit unseres großen Gottes und Heilandes Jesus Christus» (Tit 2, 13); und der Prophet sagte von derselben so: «Die Sonne wird in Finsternis verwandelt werden und der Mond in Blut, ehe der große und hervorleuchtende Tag des Herrn kommt» (Joel 3, 4).

Epiphanie als Fest der Taufe Jesu

Doch weshalb wird nicht der Tag, an dem er geboren wurde, sondern der Tag, an dem er getauft wurde, Epiphanie genannt? Denn heute ist der Tag, an dem er getauft wurde und die Natur der Wasser heiligte ... Weshalb nun wird dies Epiphanie genannt? Weil der Herr nicht bei seiner Geburt, sondern bei seiner Taufe allen offenbar wurde. Denn bis zu diesem Tag kannte ihn die Menge des Volkes nicht. Daß ihn die Menge des Volkes nicht kannte und nicht wußte, wer er denn war, dazu höre Johannes den Täufer: «Mitten unter euch steht der, den ihr nicht kennt»

(Joh 1, 26). Was wunder übrigens, wenn ihn die anderen nicht kannten, wo doch auch der Täufer selbst ihn nicht kannte bis auf jenen Tag? Er spricht: «Denn auch ich kannte ihn nicht; aber der mich gesandt hat, in Wasser zu taufen, hat zu mir gesagt: Auf wen du den Geist niedersteigen und auf ihm bleiben siehst, dieser ist es, der in heiligem Geist tauft» (Joh 1, 33).

Aus: Frühchristliche Reden zur Weihnachtszeit, Freiburg i. Br. 1963

Das *O*pfer der drei Könige

Maria Röschl

Seit uralten Zeiten geleitete das Priestertum die einzelnen Stämme und Völker so, daß das Erleben des Menschen zum Zusammenklang mit den Vorgängen im Kosmos gebracht werden sollte. Die Festesfeiern brachten den Menschen die vier wichtigen jährlichen Punkte der Sonnenlaufbahn zum Bewußtsein. Die Gestaltung dieser Feiern war aus dem geistigen Wissen der Führer heraus so geordnet, daß die sich entwickelnde Menschheit weiter und weiter geführt wurde auf der Bahn ihres inneren Werdens, deren Ziel zunächst war, zu einem bewußten Erfassen von Kosmos, Erde und Mensch zu kommen.

Solche führenden Persönlichkeiten, die die Vorgänge in der Welt wissend verfolgen konnten, erwarteten schon lange vorher das Kommen des Christus. Später, als die «Erfüllung der Zeiten» herangekommen war, erlebten es manche der damaligen Führer, daß das Christus-Wesen sich nun mit einem Menschenleibe, sich mit der Erde verbunden hatte. Da sollten nun mit dem Heraufkommen des

150

Christentums die großen Jahresfeiern so gestaltet werden, daß in dem rhythmischen Kreislauf der Feste, die den Sonnenweg begleiteten, auch dieser neue Einschlag zum Ausdruck komme. Nicht «Priesterschlauheit» bewirkte es – wie mancher besonders Scharfsinnige bemerkt hat –, daß die großen Christus-Feste auf den Zeitpunkt der alten Sonnenfeiern fallen, wie das Jul- und Weihnachtsfest, das Osterfest wie auch das Johannis- und Michaelifest. Vielmehr sollte die Menschenseele in ihrem großen Mitatmen mit den Vorgängen der Natur, durch das sie sich mit dem Jahreslauf verbindet, nunmehr auch in sich hereinnehmen – nicht intellektuell, sondern mit den Kräften religiöser Innigkeit – das Bewußtsein von der Menschwerdung und dem Erdenwege des Christus-Wesens. Wie aber konnte das anders in einer der Welt und der Menschheit gemäßen Weise geschehen als auf diesem Wege, zumal da manches große Ereignis des Christus-Lebens auch schon historisch mit markanten Stellen des Jahreslaufes verbunden war?

Beim Feiern dieser Feste stellen sich in großen Jahresrhythmen immer wieder bestimmte Bilder vor unsere Seele: Das Weihnachtsfest zeigt – mit aller Herzinnigkeit heute freilich nur noch den Kindern – die Hütte mit dem Kindlein in der Krippe. Eigentlich war das Urbild dieser Hütte – wie dies aus den apokryphen Kindheitsevangelien noch ersichtlich ist – die Erdhöhle, das steinerne Erdinnere, in dem das Kind aufleuchtet wie die Sonne um Mitternacht.

151

Am Dreikönigsfeste steht das Bild der drei Weisen vor uns, die aus dem fernen Osten gewandert kommen und Gold, Weihrauch und Myrrhe opfern. Im Osterfest klingt in uns das Wort Christi vom Weizenkorne, das nur Frucht bringt, wenn es in die Erde gelegt wird und vergeht. So ist jedes Fest mit einem bestimmten Bilde verbunden, das in regelmäßiger Wiederkehr des Jahreslaufes vor den Menschenseelen steht.

Doch das sind Bilder, die in den Seelen Kräfte auslösen können, die zwar dem bildhaften Erleben entkeimen; sie können aber, besinnlich erlebt, tief hereinwirken auch ins Erkenntnismäßige und ins moralische Leben des Menschen. So daß durch ein Sich-Verbinden mit ihnen Kräfte erwachen, die gerade unsere Gegenwart zum Erringen einer vertieften Lebensgestaltung unbedingt braucht.

Solche Bilder sind ja auch nicht von Menschenköpfen ersonnen oder von irgendeinem einzelnen Menschen erlebt. Sie sind entstanden, weil in jenen Augenblicken göttliches Hereinwirken und Erdengeschehen sich so ganz unmittelbar berührten, daß diese Erdentaten die Bedeutung eines magischen Schriftzuges gewannen: Geistiges prägte sich unmittelbar ins Stofflich-Physische ein und schuf ein Siegel, das zwar ein historisches Ereignis der Menschheitsentwicklung darstellt, aber zugleich – richtig durchlebt – die Schwelle zum Geistgeschehen im Lebensweg des einzelnen Menschen entsiegelt. – Ich möchte heute, rückblickend auf den seit Weihnachten verflossenen Teil des Jahres, über die drei Opfergaben der Könige einiges andeuten: Vor dem Kinde erscheinen die drei weisen Völkerführer aus dem Orient. Der eine legt eine Gabe Goldes vor ihm nieder, der andere Weihrauch, der dritte Myrrhe.

Gold, das edelste, sonnenhaft strahlende Metall. Man kann es wie Sonnenlichtesstäubchen und -strahlen empfinden, die im steinigen Erdenleibe steckengeblieben sind aus einer Zeit, da die Erde noch nicht so dunkel und hart war und daher die Sonne noch so machtvoll alles durchströmte, daß der ganze Erdenkörper völlig durchsonnt wurde. Das Gold war auch schon immer Symbolum der Sonne und ihrer läuternden Kräfte. So erzählt der Apollo-Hymnus, der von der Geburt des Sonnengottes auf der Insel Delos berichtet, Apollo habe, kaum geboren, seine goldenen Windeln von sich geworfen und ausgesprochen, daß er der Wortkünder seines Vaters sein werde. Weiterhin heißt es dort: «Und ganz Delos erblühte in Gold, sobald es erschaute Zeus' und der Leto Sprößling …»

Es ist aber das Gold auch Bild für das geläuterte Empfinden und Denken, das sich geklärt hat bis zur lichtverbreitenden *Weisheit*. Deshalb holen die griechischen Helden des Argonautenzuges aus der Tempelstätte des Ostens das Goldene Vlies. Deshalb nennt das Griechentum Weisheitsworte eines seiner größten Führer, des Pythagoras, die uns sein Schüler überliefert hat, «goldene Worte».

153

Auch das germanische Märchen kennt das Gold als Ausdruck der Weisheit, die durch Seelenprüfungen erworben wurde. Ich erinnere hier nur an das nordische Märchen vom Hans mit den goldenen Haaren und an das vom goldenen Vogel. *Das Gold ist Bild des geläuterten Geistes, der Weisheit.*

Weihrauch und Myrrhe sind Säfte von Pflanzen, die in trockenen, sonnendurchglühten Ländern des Ostens wachsen. Durch einen Schnitt verletzt, verströmt die Pflanze ihren Lebenssaft. An der Luft erhärtet er. Beide – namentlich aber der Weihrauch – wurden in die Flamme des Opfers geworfen. Von der Wärme des Feuers ergriffen, verbrannte das hart gewordene Harz. Aus der sich lösenden Stoffesform stieg duftender Rauch empor. War der Pflanzensaft aus dem Flüssigen ins Harte, Feste übergegangen, so wurde er nun im Elemente des Feuers ins Luftige erlöst, wallte auf als duftender Rauch, der die Kultworte des Priesters, die vor dem Altare gesprochen wurden, emportrug in die Höhen des Lichtes. Für den Menschen des Altertums, der die geistigen Realitäten der Stoffesvorgänge noch viel tiefer erlebte, war mit dem Übergang einer Substanz aus einem Elementenzustande in den anderen ein tiefgehendes Geschehen verbunden: Er erlebte, wie mit dem sich ins Luftige lösenden Festen des Rauchopfers auch das Fühlen der Seele sich löste und sich im Gebete hingebend hinanhob zur Gotteswelt, ja oft zum

154

Anschauen der göttlichen, in ihr wirkenden Wesen. *Wir* erleben dies nicht mehr in der Wandlung der *Stoffe,* wohl aber in der Wirksamkeit jener lösenden und erhebenden *Seelenkraft* des Menschen, die aus dem Lebenszentrum seines Herzens strömt und, wenn sie lauter genug ist, alles, was sie umfaßt, emporläutert zum Licht – wir erleben diese Wirksamkeit an der Liebe.

Wenn wir nicht so sehr auf den Stoff als auf den Prozeß hinblicken, der mit dem Weihrauch verbunden ist, dann wird uns der *Weihrauch zum Bilde der Liebeskraft der Seele.*

Auch die duftende Myrrhe wurde dem Opferfeuer beigemengt. Doch vor allem wurde ihre herbe, zusammenziehende Kraft als Heilmittel verwendet, um von den Wunden des Leibes den Absterbevorgang der Fäulnis fernzuhalten und das *Leben* zu schützen. Der Ägypter gebrauchte sie auch zum Einbalsamieren, wenn das Formgebilde des menschlichen Leibes vor dem Todesverfall geschützt werden sollte.

Blicken wir auch hier mehr auf die *Wirksamkeit* dieses Pflanzensaftes, so haben wir einen Prozeß vor uns, der dem des Weihrauches entgegengesetzt ist: Der Weihrauch löst, erhebt die Seele. Er kann uns zum Bilde der Liebe werden. Die Myrrhe zieht die Wunde des physischen Leibes zusammen – sie ist ein Bild des Schmerzes. Aber nicht des klagenden, verzehrenden, sondern des heilenden Schmerzes. Denn das Herbe der Myrrhe konzentriert die Lebenskräfte des Leibes, verschließt der Fäulnis, der Verwesung den Eingang in die aufgebrochene Lebenspforte der Wunde. Es ist ein Vorgang, der wieder dem heutigen Menschen im Seelischen vertrauter ist als im Physischen. Denn mit dem Aufwachen des Bewußtseins für die eigenen seelischen Vorgänge kennt der moderne Mensch gar wohl den Seelenschmerz, den die Selbsterkenntnis myrrheartig um die Seelenwunde zusammenzieht, so daß der bitterste Schmerz den Keim der Heilung schon in sich schließt. So kann uns aus der Wirksamkeit der Myrrhe ein *Bild* vor die Seele treten: *Myrrhe als Behüter des Lebens.*

Diese drei Substanzen reichten die drei Weisen dem Kinde. Es ist leicht zu erkennen, daß dieses Hinreichen selbst eine Kulthandlung ist. Anbetend stehen die Könige da. Ihre Anbetung findet den Ausdruck in einem Tun, in dem Opfer von Gold, Weihrauch und Myrrhe. Doch diese drei Könige sind Träger wissender Weisheit. So ist für sie Gold, Weihrauch und Myrrhe nicht nur Gabe ihrer eigenen Persönlichkeit. Sie wissen ja um die Weltbedeutung dieses Wesens, an dessen Lebensanfang sie eben anbetend stehen. Und ihr inneres Wissen um die aus kosmischen Weisungen und Zielen geprägten Ratschlüsse dieses Lebensweges läßt dies Darreichen von Gold, Weihrauch und Myrrhe zugleich zu einem Bilde werden, welches Siegel ist für den beginnenden Erdenweg des angebeteten Kindes, für dieses so repräsentative Leben und seine Stufen. Sehen wir auf dieses Leben des Christus Jesus, so können wir für unser Erkennen drei Hauptzüge hervortreten sehen: Seine *Lehre,* die aus den Gleichnissen, den Unterweisungen seiner Schüler, aus seinen Betrachtungen spricht. Sein *Tun,* das seine Gottesnatur und Gotteskraft unmittelbar hereinströmen läßt in die Menschenwelt, und sein *Leben* als Welt und Erde wandelnde Bildekraft.

Und so sehen wir ihn, kaum der Kindheit entwachsen, schon als zwölfjährigen Knaben, Weisheit lehrend, vor den Schriftgelehrten des Tempels sprechen. Auch alle seine späteren Lehren leuchten als lauterste Gottesweisheit in die Seelen seiner Schüler hinein, bloßes Wissen in Gold wandelnd, dessen Glanz die Jünger oft erst in erinnerndem Rückblick auf seine Worte völlig erkannten. So wird das Gold, das die drei Weisen opfern, ein Bild seiner Lehre.

Sein Tun und Wirken faßte er selbst in tiefstem Sinne zusammen, wenn er auf den neuen Auftrag hinwies, den er unter die Menschen gebracht hat – nicht durch Gesetze, sondern eben durch seine *Tat:* «Ich *liebte* euch, meine Schüler, damit ihr die Kraft gewinnt, einander ebenso zu lieben, wie ich euch geliebt habe. An dieser Liebeskraft wird man erkennen, daß ihr meine Schüler seid» (Joh 13, 34). Seine Tat war, diese Liebeskraft zum ersten Male in die Erdentwicklung als Menschheitsauftrag und Menschheitsziel hineingestellt zu haben. Aus persönlichen Blutsfesseln erlöste er die Liebeskraft des Menschen und

157

wies seinen Schülern den Weg, die Bruderliebe hinauszuströmen in die *Menschheit,* indem er selbst sein Gotteswesen liebend hinausfließen ließ in die Erdenwelt – so sehr, daß er von Brot und Wein sagen durfte: «Dies ist mein Leib», «dies ist mein Blut.»

So wird der Weihrauch des Dreikönigsopfers zum Bilde dieser Liebe, die aber hier nicht emporströmt vom Menschenaltar zu Lichteshöhen, sondern aus dem Gotteslichte hinabwallt in die Erdenwelt.

Und der Todesschmerz seines Lebens wurde zur Myrrhe für Menschheit und Erde. Die Menschheit in ihrem Niederstieg ins entgötterte Erdensein, in jenem Fäulnisprozesse, der damals die althergebrachten religiösen Kräfte ergriffen hatte, empfing Heilung durch diesen Opfertod. Nicht in einer übertragenen, symbolischen Bedeutung ist dies gemeint, sondern ganz konkret: Neues Leben strömte in den Erdenleib dadurch, daß auf Golgatha sein Blut in die Erde floß als die Substanz, die im lebendigen Leibe Träger des Geistigen, hier Träger des Gottesgeistes ist.

So ist sein Tod Hüter des Lebens für Erde und Menschheit, vorausgenommen im Sinnbild der Darreichung von Myrrhe.

In der Zusammenfassung dessen, was uns in Gold, Weihrauch und Myrrhe einerseits als Bilder jener menschlichen Kräfte und andererseits als Stufen des Christus-Lebens selber erschienen ist, kann uns dieses Christus-Leben zu einem Idealbild des eigenen Lebens werden. Die Läuterung des eigenen Geistes, der Seele und des Leibes zu Weisheit, Liebe und Leben (Leben im Sinne von Überwindung der niederen Todeskräfte) ist höchstes Ziel der Entwicklung des einzelnen Menschen, damit er selbst einst seine höheren Wesenskräfte darleben darf in dem Bilde der drei Könige, die vor dem Kinde, dem Menschensohne, das Opfer von Gold, Weihrauch und Myrrhe niederlegen.

So ist das Opfer der drei Könige aus dem Morgenlande eines jener Menschheitsbilder, die durch die Tiefe ihres Sinnes, durch das Umfassende der Kräfte, die sie in der Seele auslösen, reale Lebenswerte in sich bergen.

Aus: Festeszeiten im Jahreslauf, Dornach 1993

Gabriela de Carvalho
Bilder zu Schuberts «Winterreise»

32 farbige Bilder mit einem Geleitwort von Erhard Kröner und
einem Essay von Joachim Knispel: «Der Weg ins Innere»
2011, 80 S., kt., 32 farb. Bilder, Format 24,5 cm x 18 cm
ISBN 978-3-03769-034-5

«In dem Werk von Gabriela de Carvalho ‹Winterreise› können wir
sehen, wie die Lieder Franz Schuberts in einer Künstlerseele eine Far-
bengestalt gewinnen können: Wort (der Dichtung von Johann Wil-
helm Müller) und Klang erzeugen eine dritte Dimension im Bilde,
was die Seele erlebt, wird sichtbar. In einem neuen Sinn wird ein
Gesamtkunstwerk möglich. Die geheimnisvolle Harmonie von Wort/
Laut und Ton/Klang erfährt eine Gestalt; was in Farben und Formen
erscheint, spricht und tönt zur fühlenden Seele.»   *Erhard Kröner*

Inhalt

III Erzählen

Das Motto

In einem schmalen, unscheinbaren
Büchlein steht oftmals weniger drin,
als in so manch einem dickleibigen Roman.

1 Berichten

Die Frage

Wußten Sie schon …

… daß nur der Mensch Schlange steht, die Schlange selber aber kriecht?

… daß auch die schönste Frau bereits an den Füßen aufhört?

… daß das Wort »Frankreichtour« gebenedeit ist vor allen anderen Worten, da in ihm sämtliche Vokale in alphabetischer Reihenfolge enthalten sind?

… daß nachts alle Glatzen kahl sind?

… daß bei uns jeder denken darf, was er sagt?

… daß vor Gott sieben Tage nur wie eine einzige Woche sind?

… daß Brechts Drama »Mutter Courage«, das schon in der Musicalfassung »Mut, Mutter« ein großer Erfolg war, nun unter dem Titel »Kopf hoch, Muttchen!« verfilmt werden soll?

… daß eine Schwalbe zwar noch keinen Sommer macht, zwei Schwalben jedoch schon einen Haufen Schwalben machen können?

… daß die Masturbation bei den Krimtartaren als das beste Mittel gegen kaltes Duschen angesehen wird?

… daß der Mensch dem Wolf ein Wolf ist?

… daß es auch in Eckkneipen rundgehen kann?

… daß das stolzeste Bauwerk des Niederrheins, der Kölner Dom, innen hohl ist?

… daß Beethovens Neunte ein Fräulein Stobeier aus Grinzing war?

… daß der Biß eines einzigen Pferdes für eine Hornisse tödlich sein kann?

… daß es eine Unsitte ist, Sätze nicht zuende zu schrei?

Die Antwort

Herr M. in N. Wieso es dem Benzin schadet, wenn man Zucker in den Tank schüttet?

Nun – Ihr Zucker wird ja auch nicht besser, wenn man Benzin in die Zuckerdose gießt.

Herr X. in Y. Ja, als Freiberufler müssen Sie Buch führen – in diesem Punkt hat das Finanzamt Sie richtig informiert. Aber keine Angst – es geht ganz einfach: Sie kaufen sich ein Büchlein und tragen links Ihre Eingaben und rechts Ihre Ausnahmen ein.

Beispiel Eins: Sie fordern zur Sommersonnenwende, daß der Bundespräsident Sie unverzüglich in den erblichen Ruhestand versetzt. Kommt in die Rubrik »Eingaben«.

Beispiel Zwei: Sie beschlafen zwar grundsätzlich keine Adligen, aber bei der Kronprinzessin Dieter wollen Sie mal nicht so sein – kommt in die Rubrik »Ausnahmen«.

Am Jahresende rechnet dann Ihr Finanzbeamter Eingaben und Ausnahmen gegeneinander auf, und zum Schluß sind Sie wieder mal der Dumme.

Frau A. in B. Nein, es stimmt nicht, daß die Fledermäuse ein Radarsystem besitzen, das sie auch bei tiefster Dunkelheit traumhaft sicher fliegen läßt. Sie ecken verhältnismäßig oft an. Aus diesem Grunde fliegen sie übrigens auch immer nur bei tiefster Dunkelheit: Damit nicht allzuviele Zeugen mitansehen, wie sie dauernd gegen die Wände rauschen.

Die Nachricht

Ein schönes Erfolgserlebnis hatte der Spitzensportler Sperlich, als er im Rahmen eines Sprungs vom Ulmer Münster schon beim ersten Versuch die Fallgeschwindigkeit erreichte.

Die Flucht in die Krankheit glückte drei Insassen der Strafanstalt Bad Wuschl. Sie werden jetzt im Anstaltslazarett gegen Hals, Nasen und Ohren behandelt.

Weil er vorsätzlich vorbeifahrende Segelschiffe mit »Aha« statt mit »Ahoi« begrüßt hatte, wurde dem Janmaat Pitter die Benutzung der 7 Weltmeere verboten.

Neben die fünf bekannten Schwierigkeiten beim Schreiben der Wahrheit ist im Markgräfler Ländle dieser Tage eine sechste getreten. Dort sind die Kugelschreiber alle.

Einmal mehr bestätigte sich in Bergisch-Gladbach eine alte Volksweisheit: Das beidhändige Kippen, das Hänschen nicht erlernt hatte, lernte Hans Nimmermehr in der Rekordzeit von drei Runden.

Eine Kreuzung zwischen Lachs und Luchs gelang dem Züchter Brosam. Sie kann kaum hören, aber nicht schwimmen und soll unter dem Decknamen Lauchs zu Zwecken der Umweltverschandelung eingesetzt werden.

Jesus soll nun doch heiliggesprochen werden. Das verlautete aus gewöhnlich gut deformierten Kreisen um Papst Nautilus, der Jesus' Ernennung zum St. Jesus allerdings als reine Formsache herunterzuspülen versucht.

Eine Ladenkasse erbrach ein Düsseldorfer Tagedieb im Kaufhaus Bertie. Der sofort hinzugezogene Bereitschaftsarzt erklärte, er habe ja schon Pferde kotzen sehen, aber so etwas sei ihm in seiner ganzen Praxis noch nicht vorgekommen.

Der Odenwald macht einen stark verwohnten Eindruck – das stellten Förster während einer Begehung fest. Die Waldbewohner, allen voran die Dachse, müssen nun mit einer Räumungsklage rechnen.

Nicht ohne Fohlen blieb ein zärtliches Beisammensein von Stute Halla und Hengst Berto. Stolz präsentierte die Mutter dieser Tage ihr fuchsrotes Folgen, das auf den Namen »Siemirunauffällig« getauft wurde.

Der Fluch der bösen Tat ereilte den Seeräuber Sobireit ausgerechnet am Tag der bösen Flut, als ihn eine Wassermasse hinterrücks ganz naß machte.

Eine überzeugende und rundum zufriedenstellende Dubeziehung glückte dem stellungslosen Holger Rorbruch, der aus dem Pinnsee einen Dube von zwei Metern Länge zog, der zur Zeit von dem Dermoplastiker Darlich eingestopft wird.

Das Weltall wird auch immer dicker, stellten amerikanische Gynäkologen während einer tour d'horizon fest. Als Ursache vermuten sie: Zuviel Sterne, zuwenig Bewegung.

Das erste Mal seit man Rom ohne H schreibt, wird am kommenden Sonntag in Bad Wuschl wieder das Jungfrauenwahlrecht praktiziert. Von dieser Maßnahme verspricht sich der Magistrat eine erhebliche Umsatzsteigerung in den Wahllokalen. Geldgier, wohin man auch schaut.

Den Mut zur Farbe bewies der Pfarrer von Kempten/Allg., der seine Gemeindemitglieder einheitlich anstreichen ließ. Er wählte dafür ein Lindgrün, das vielleicht eine Spur zu grell war.

Im Bremer Übergangszoo kamen in der letzten Nacht erstmals lebende Schnürsenkel zur Welt. Die Zooleitung hofft stark, daß es auch das letzte Mal bleiben wird.

Die Richtigstellung

In unsere Rechtsberatung hat sich leider ein Fehler eingeschlichen. Statt »Wie zeugt man einen Schmierer?« muß die Überschrift »Wie schmiert man einen Zeugen?« heißen. Außerdem sollte es statt »Einer der bekanntesten Knabberkekse sagte mir einmal ...« »Einer der bekanntesten Rechtsanwälte sagte etc.« lauten.

Die Gegendarstellung

Sie haben unlängst folgende Behauptung aufgestellt: »Trotzdem Franz Burschel 17 Klare getrunken hatte, machte er einen total betrunkenen Eindruck.« Dieser Satz ist unrichtig. Er muß »Obwohl Franz Burschel etc.« heißen.

Franz Burschel, Emden

Die Klarstellung

Die unnötigerweise entbrannte Diskussion, ob Hamlet zu Laertes »Das interessiert mich nicht die Bohne« oder »Das interessiert mich nicht die Biene« sagt, hat uns dazu veranlaßt, noch einmal einen Blick in das englische Original zu werfen. Und da heißt es unmißverständlich: »That interests me not the bean.« Alles klar?

Der Tip

Haltbarerer Saft. Tomatensaft bleibt länger in der Dose, wenn man die Löcher nicht in der Unter–, sondern in der Oberseite der Dose anbringt. Er fließt dann nämlich nicht so raus.

Schönere Risse. Risse in der Hose kommen besser zur Geltung, wenn man an der Hose ein Pappschild mit der Aufschrift »Beachten Sie bitte auch die schönen Risse in der Hose. Vielen Dank« anbringt.

Unverkohltere Bibeln. Brandspuren in Bibeln lassen sich verhindern, wenn man seine Zigaretten statt dessen in einem Aschenbecher ausdrückt.

Das Telefongespräch

A Hallo, hier wir! Wer dort?
B Ich bin's!
A Sie dort?
B Nein, hier!
A Moment, hier sind wir!
B Hier? Ich bin allein!
A Ja, dort.
B Nein, hier!
A Wo denn da?
B Am Apparat.
A Da sind wir auch.
B Wo denn?
A Hier.
B Hier doch nicht!
A Doch, hier!
B Nein, nein. Hier bin nur ich.
A Und hier sind nur wir.
B Ach ja? Na, dann bleibt die Sache wenigstens unter uns.
A Danke, das genügt.

Der Rückblick

Erinnern Sie sich noch?

Vor 10 Jahren: Die Gewerkschaft Filz, Stifte, Kritzeln erkämpft 48-Stunden-Tag. In Plön wird Dieter, der Dreinschnabler, dazu verurteilt, nicht immer in Dinge dreinzuschnabeln, von denen er nichts versteht.

Vor 100 Jahren: Im Emsland wird ein Köhlerweiblein gesichtet, das auf dem Schambein lahmt.

Vor 1000 Jahren: In Magdeburg geht das Konzil von Prag beim Stande von 2:1 zuende. Hermann von Hohenstaufen beschläft Walpurga, eine weitschichtige Mahm mütterlicherseits, und zieht sich dabei einen haushohen Tripper zu.

Vor 10 000 Jahren: In Ägypten wird der Raddampfer erfunden.

Vor 100 000 Jahren: Moritz, das Mammut, durchschwimmt als Erster den Kaiser-Wilhelm-Kanal in Schrägrichtung.

Vor 1 000 000 Jahren: In immer breiteren Tierkreisen ist die Lungenatmung en vogue. Stielauge, der Urkrebs, versteht die Welt nicht mehr.

Das Info

Betr. Marketing

Die Wiege des Marketing stand in Nürnberg. Als der bekannte Freund und Kupferstecher Albrecht Dürer merkte, daß der Absatz seiner Kupferstich-Passion stagnierte, fragte er in seinem Bekanntenkreis herum, was die Leute sich denn gerne ins Zimmer hängen würden.

»Eynen strammen Reutersmann«, meinten 52 % der Befragten, 28 % waren für »Freund Hein«, 11 % votierten für »Beelzebub« und die restlichen neun Prozent verteilten sich auf »Eyn scharf nackicht weyblein«, »Eyn großes Rasenstück«, »Dürers betende Hände« und auf ähnlich abwegige Vorschläge.

Auf Grund dieser Befragung strickte Dürer sein Blatt »Ritter, Tod und Teufel« zusammen, stieß mit ihm in eine Marktlücke und verdiente dabei so viel, daß er das unter Denkmalschutz stehende Dürer-Haus kaufen konnte.

Die Firmen von heute machen es im Prinzip nicht anders. Ein Fall aus der Praxis: Der Zwieback-Konsum läßt nach. Die alarmierte Zwieback-AG läßt den Markt untersuchen und stellt dabei fest, daß drei Gründe verantwortlich sind:

1. Der Zwieback gilt als hartes Nahrungsmittel, 2. Der Zwieback gilt als zu trocken, 3. Der Zwieback gilt als Nahrung für Kinder.

Das Management zieht die Konsequenzen und bringt einen flüssigen Zwieback auf den Markt, der, mit 40 % Alkohol angereichert, lediglich an Erwachsene verkauft werden darf. Um jede Assoziation mit Opas Zwieback zu unterbinden, nennt er sein Produkt »Doppelkorn« und verdient sich eine goldene Nase.

Ein extremes Beispiel? Gewiß. Und nicht immer gibt der Erfolg dem Marketing recht. Als abschreckendes Beispiel kursiert in der Branche die »Leichenwäscher-Schokolade«. Leichenwäscher – das hatte die Statistik ergeben – lagen in ihrem Schokolade-Konsum haustief unter dem anderer Berufsgruppen. Warum? Nun, mit ihren nassen, seifigen Händen mochten die Leichenwäscher während ihrer Arbeit ganz einfach keine Schokolade anfassen. Die Hersteller konterten mit einer extrem fahlen, nassen und seifigen Schokolade, die den Geschmack der Hände noch übertönen sollte. Vergebliche Liebesmüh! Das falsch gemarktete Produkt fand keine Käufer und mußte schließlich umgetütet und – wegen seines leicht süßlichen Aromas – als »Kinder-Seife« verschleudert werden. Denn, wie schon eine alte Marketing-Regel sagt: »Man kann dem Kunden zwar etwas andrehen, was er nicht braucht, jedoch nie, was er nicht kauft.«

Die Hausmitteilung

18. 7. 11-Uhr-Konferenz im grünen Chefzimmer, und wieder einmal stellt sich die Frage: »Wie kriegen wir das nächste Heft voll?«

»Ich hätte da ein Thema …«, räuspert sich Gernhardt.

»Ja?«

»Mir ist aufgefallen, daß erstaunlich viele bedeutende Männer Namen tragen, die irgendwie mit Nahrungsmitteln und dem Essen zusammenhängen …«

»Ja? Welche denn?«

»Nun, Helmut Kohl … Otto Hahn … Max Brod … Bruno Ganz …«

»Hm«, überlegte Chefredakteur Zirfeld. »Klingt interessant. Aber es müßten noch mehr Beispiele her …«

»Johann Mario Semmel!« ruft Redaktionsbote Dr. Golz keck.

»Richtig! Weitere Vorschläge?«

»Maxim Gurki!«

»Sehr gut! Und? Weiter?«

Und auf einmal reden alle durcheinander: »Arthur Schnitzel!« – »Walter Bratenau!« – »Peter Handkäs!« – »Wolfgang Amadeus Mozartkugel!« – »Thomas Manna!« – »Samuel Gebäckett!«

»Genug!« will Zirfeld abwichteln, doch Leihbischof Klamm läßt sich so schnell nicht zum Schweigen bringen.

»Kotzebue!« ruft er aus, »ermordet von dem Studenten Sandwich!«

»Fein. Etwas fürs Feuilleton. Wer schreibt's? Ja? Herr Waechter?«

»Mao Seezunge …«

»Tse Tung!« verbessert Zirfeld giftig. »Wir wollten während der Redaktionskonferenz doch nicht mehr mit Worten spielen! Also – schreiben Sie's?«

Waechter nickt, und Zirfeld fährt fort: »Thema Nummer zwei: In China sollen die Tschu En Leihgebühren drastisch erhöht worden sein, wer …?«

Ja liebe Leser – so wird bei uns gearbeitet. Und wie läuft's bei Ihnen?

2.2. Elf-Uhr-Konferenz. Leihbischof Klamm hebt den Finger:

»Mein Chefredakteur! Wir werden eine Berichtigung in das nächste Heft einrücken müssen!«

»Ei wieso denn?«

»Als wir unlängst behaupteten, alle bedeutenden Männer hätten seltsamerweise Nahrungsmittel als Nachnamen, irrten wir!«

»So?«

»Jawohl. Es handelt sich nicht um Nahrungsmittel, sondern um Alkoholika.«

»Beweise?«

»Wolf Biermann, Calvadostojewski, Jean Genever, Joseph Cognac …«

»Das sind nach Adam Riesling aber erst vier Namen«, kontert Zirfeld kühl, »weiter!«

»Peter Weißwein, Joseph Rothwein, Aquavittgenstein, Wermut Heissenbüttel, Hans Magnus Enziansberger, Albert Schampus ...«

»Wie bitte?«

»Oder Schampü, wie der Franzose sagt, Selma Lagerbier, Simone de Bommerlunder ...«

»Moment mal! Die Frau heißt immer noch Beauvoir!«

»Irrtumsk, Irrtumsk!« kreischt Klamm, »Beauvoir heißt doch ›Auf Wiedersehen‹!«

»Stimmt«, gibt Zirfeld bedrückt zu, doch dann plärrt er elegant zurück: »Na denn Beauvoir bis zum nächsten Mal, meine Herren! Ich muß noch etwas im fünften Buch Mosel herumblättern, mein Artikel über den Apostel Paulaner – Sie verstehen ...«

Zirfeld – wenn es ihn gäbe, müßte man ihn nicht erfinden ...

Das Interview

»Ratten nichts als Ratten«

Herr Putel, Sie haben unlängst die These aufgestellt, daß Mondrians Leistung hauptsächlich darin zu suchen sei, daß er in seinen Bildern radikal die Bisamratten weggelassen hat, die bis dahin das bevorzugte Thema der abendländischen Malerei gewesen seien. Wie kommen Sie zu dieser Behauptung?

PUTEL. Ganz einfach. Schaun Sie sich die Bilder Mondrians einmal unvoreingenommen an, und Sie werden feststellen: Ergebnis Fehlanzeige. Ich meine, falls Sie Bisamratten auf ihnen suchen. Schwarze Linien – ja. Aber keine Bisamratten.

Zugegeben...

PUTEL. Seh'n Sie? Seh'n Sie?

Aber in der abendländischen Malerei vor Mondrian werden Sie ebenso vergeblich nach Bisamratten suchen. Nehmen Sie Rembrandt...

PUTEL. Nein danke, ich rauche nicht.

Wir meinten den Maler.

PUTEL. Ach den! Den alten Bisamrattenpinsler!

Na hören Sie mal! In Rembrandts gesamtem Werk werden Sie keine einzige Bisamratte finden, Herr Putel!

PUTEL. Und weshalb wurde er dann »der alte Bisamrattenpinsler« genannt? Hä?

Wer hat ihn so genannt?

PUTEL. Ich. Eben.

Wir müssen wohl noch deutlicher werden, Herr Putel. Denken Sie an Raffael...

PUTEL. Ungern.

Aber Raffael hat doch...

PUTEL. Ach der! Ja! Ratten-Raffael, wie ja oft und gerne gesagt wird...

Auch von Ihnen?

PUTEL. Ja. Ich glaube schon. Sagte ich nicht eben Ratten-Raffael?

Ja.

PUTEL. Seh'n Sie? Und eben schon wieder. Also oft nenne ich den auf jeden Fall so. Ob auch gerne – na ja ...

Herr Putel! Bei welchem italienischen Maler von Raffael bis Botticelli ...

PUTEL. Bisam-Botti! Sagen Sie ruhig Bisam-Botti, so wird er ja wohl in den Kunstgeschichten tituliert.

In keiner einzigen!

PUTEL. Nein? Na, ich müßte mal in eine reinschauen. Das habe ich mir schon oft und oft gesagt. O, hätte ich nur auf mich gehört!

Tun Sie das mal. Dann werden Sie nämlich auch schnell feststellen, daß Sie auf keinem Bild eine Bisamratte finden werden.

PUTEL. Ehrlich? Was denn dann?

Zum Beispiel Landschaften ...

PUTEL. Landschaften?

Oder Kreuzigungen ...

PUTEL. Kreuzigungen?

Oder Portraits ...

PUTEL. Muß ich sehen! Wo findet man denn den ganzen Schamott?

In Museen.

PUTEL. Museen? ... Muß ich mir merken, das Wort!

Sie lassen Ihre Behauptung also fallen?

PUTEL. Klar. Liegenlassen, tritt sich fest. Habe noch ganz andere zu Hause! Tschüs, Jungs!

Museen ... Was es nicht alles gibt ... Museen ... *(Murmelnd nach rechts ab.)*

Die Reportage

Des Pöbels Kern

Um es gleich zu sagen: Steine habe ich nicht geschmissen.
Auch keine Stinkbomben oder Kanonenschläge. Doch ich
war einer der »rund vierhundert Punker und Rocker« (Bild),
nein, einer der »etwa achthundert Krakeeler« (Frankfurter
Allgemeine Zeitung), nein, einer der »weit mehr als tausend
Menschen« (Neue Presse), nein, einer der »etwa 1500 Zuschauer« (Frankfurter Rundschau), die hinter der Absperrung standen, als die etwa 2600 festlich gekleideten Gäste
des ›Ersten Internationalen Frankfurter Opernballs‹ ihren
Gang vom Autohalteplatz zum Portal des feenhaft erleuchteten Gebäudes antraten. Vierzig Meter nur, doch werden
diese vierzig Meter manchem der Schönen und Reichen
schier endlos vorgekommen sein. Waren sie doch »eine
Zone der Häme, der Infragestellung« (Frankfurter Rundschau), warteten da doch »Zaungäste auf die Festgäste, um
sie zu beschimpfen« (Neue Presse), wurde doch der »Weg
zum Opernhaus zu einem regelrechten Spießrutenlaufen«
(Bild), »tobte« doch »im dunklen Kreis vor der Absperrung
das Geschrei der Hölle« (FAZ). Und wer war daran schuld?
Die Häßlichen und Besitzlosen: »Neider« (Frankfurter
Rundschau), »gewalttätige Demonstranten« (Abendpost),
»gewalttätige Chaoten« (Bild), »heulende Derwische« (FAZ),
»150 bis 200 Personen der Szene, die als Krawallmacher bekannt sind« (ein Polizeisprecher) – mit einem Wort: der Pöbel. Und ich, schlimm, schlimm, immer mittenmang. Fühlte mich, schlimmer noch, unter diesen Säuen ganz kanni-
balisch wohl, obwohl ich doch eigentlich nur einen Freund

hatte treffen und dann unverzüglich ein Wirtshaus aufsuchen wollen.

Was bewog mich zu bleiben, frage ich rückblickend. Wieso nahm ich geschlagene anderthalb Stunden an diesem nichtsnutzigen Spektakel teil? Trotz der Kälte, des Hungers und des sich ständig mehrenden Polizeiaufgebots?

Schaulust, belüge ich mich. Schließlich sieht man so etwas nicht alle Tage: Zylinder, Roben, Ausgeh-Uniformen, einen britischen Prinzgemahl gar. Als ob ich mich je für diesen Tinnef interessiert hätte.

Kritische Zeugenschaft, versuche ich mir weiszumachen. Man wird doch wohl noch wissen dürfen, wie das Gesicht dieser herrschenden Klasse aussieht, die locker 300 Mark Eintritt und 250 Mark für den Sitzplatz löhnt, um mitten in Frankfurt vor aller Augen den ergaunerten Mehrwert auf den Kopf zu hauen. Als ob nicht jedes Bankgebäude der Stadt eine deutlichere Sprache redete.

Nein, es war das ganz und gar pöbelhafte Benehmen des Pöbels, das mich zum Bleiben bewog. Nicht die in allen Blättern kolportierten Steinwürfe – ich sah keine – oder die Kanonenschläge – ich hörte nur einen – machten das Gaffen so unterhaltsam, sondern all der Lärm und all das Geräusch, das der Pöbel nach altehrwürdiger Pöbelmanier produzierte: »Pfeifkonzerte«, »Gejohle« und »Schmährufe«. Wobei sich der Pöbel, Gott sei's geklagt, im Laufe des Abends deutlich steigerte. Noch um halb acht, als Prinz Philip vorfuhr, konnte man ihn eigentlich kaum als richtigen Pöbel bezeichnen, da glich die Geräuschkulisse noch sehr der eines ganz beliebigen Fußballplatzes: Trillerpfeifen und Buhrufe. Doch je später der Abend, je zahlreicher und strahlender die Gäste, desto schmutziger, bilderbuchhafter und festumrissener formte sich die Menge der einzelnen Schaulustigen zur Masse des Pöbels, der offensichtlich zusehends darauf aus war, seinem Namen alle Ehre zu machen.

»*Es liebt die Welt, das Strahlende zu schwärzen –*«, wohl wahr. Rudel schwarzgekleideter Herren – schließlich war Frack angesagt – wurden mit dem Ruf »Schwarzer Block, Schwarzer Block« begrüßt. Schönen und schön dekolletierten Frauen wurde ein ganz unpassendes »Peepshow, Peepshow« entgegengerufen. Eilte, was häufiger vorkam, ein Mann mit zwei Frauen auf die Oper zu, brachte der Pöbel diesen Vorgang auf die äußerst gemeine Formel »Dreierbob, Dreierbob«. Alles im Chor, wohlgemerkt, durchsetzt von pöbelhaften Einzelrufen wie »Hand vom Sack« – wenn da ein unschuldiger Gast die Hand in der Hosentasche verbarg, »Versager« – wenn da ein Mann ganz ohne Frau den Festplatz ansteuerte, »Gradehalten« – wenn sich da einer nicht gradehielt.

»*– und das Erhabne in den Staub zu ziehen*«, leider, leider. »Amis raus aus El Salvador und der Oper« – diese äußerst unrhythmische Aufforderung mag einer der zahlreichen amerikanischen Militärs in Gala-Uniform vielleicht gerade noch begriffen haben. Was aber sollte er mit dem sehr viel flüssigeren Sprechchor »Geht doch alle rüber!« anfangen? Der Pöbel jedoch schrie's und amüsierte sich königlich. »Das ist euer letzter Ball!« – schierer Voluntarismus, gewiß, doch immerhin eine einigermaßen deutliche Aussage. Auch deutlich einzuordnen: So spricht der Systemveränderer. Viel schreckerregender aber wirkten offensichtlich so rätselhafte Sprüche wie »Ausziehn, Ausziehn« oder »Liften, Liften« oder auch »Schneller, Schneller, Schneller«. Da konnte es schon passieren, daß Gäste wirklich schneller dem rettenden Portal zustrebten, daß ein Schuh hängenblieb oder ein Zylinder herabfiel – man erspare es mir, das jeweilige »Freudengeheul« des Pöbels zu schildern. Es war schrecklich. Schrecklich mitreißend.

Seit jenem Abend bin ich gegen Opernbälle. Der Auftrieb der Feinen schweißt die Unfeinen zusammen. Hohe Eintrittspreise wecken niedrigste Instinkte. Glanz erst läßt die Finsteren ihrer ganzen Finsterkeit innewerden. Und sie haben auch noch Spaß dabei!

Denn in einem Punkt sollte sich niemand etwas vormachen: Neider waren das nicht, die da pöbelten. Die wären den Reichen nicht für Geld in die Oper gefolgt. Wo es übrigens, glaubt man der FAZ, fix dröge zugegangen sein muß: »Viele Gäste waren noch Stunden nach Beginn des Festes über die Vorfälle empört, die eine den Ball verachtende schreiende Minderheit verursacht hatte« – wenn die kein anderes Gesprächsthema gehabt haben!

Während der Pöbel mal wieder kostenlos voll auf seine Kosten kam. Da war hinterher keiner empört, glaube ich. Die kommen das nächste Mal alle wieder, fürchte ich. Denen sollte man das Handwerk legen, empfehle ich. Mein Rat: Macht euren Opernball irgendwo, wo es nicht so auffällt. Aber doch nicht ausgerechnet in der Oper!

(1982)

II Betrachten

Der Spruch

»Sterben«, soll ein kluger Franzose einmal gesagt haben, »heißt immer auch zugleich mourir un peu.«

Einem klugen Franzosen zugeschrieben

»Nicht keckern – kotzen!«

Oberförster Pudlich zu einem betrunkenen Dachs

»Du willst mich wohl verarchen!«

Noah zu Jahwe, anläßlich der Diskussion zum Thema »Sintflut«

»Virus, Virus, gib mir meine Legionen wieder!«

Kaiser Augustus, nachdem er davon erfahren hatte, daß sein Feldherr Quintilius Virus im Teutoburger Wald von Hermann dem Tuberkel vernichtend geschlagen worden war

Der Slogan

13. 4. Es geht um eine nichtalltägliche Aufgabe: Das Deutsche Schirm-Institut hat alle WimS-Redakteure aufgefordert, sich an einer PR-Aktion für das schlechte Wetter zu

beteiligen. Gesucht wurde ein knapper, einprägsamer Slogan. Und das sind einige der Ergebnisse:
»Wenn es gießt und pladdert / bin ich nicht verdattert / ich spanne auf meinen Schirm / dann mag es ruhig regnen Fäden von Zwirn« (Waechter).
»Welch ein enormer Segen / kann doch sein ein gutdurchwachsener Regen« (Bernstein).
»Ein Hoch dem Tief« (Gernhardt).
Wer wohl das Rennen machen wird?

Der Aphorismus

Halali!

Der Aphorismus, jene Kunst, mit wenigen Worten gar nichts zu sagen, schien in Deutschland lange Zeit so gut wie ausgerottet. Doch der Eindruck täuschte. Nachdem seit geraumer Zeit ständig einzelne Exemplare von Polen kommend über die zugefrorene Elbe in die Bundesrepublik wechselten, ist der Aphorismus bei uns nun wieder ganzjährig anzutreffen. Etwa in der Seckbacher Heide, wo Unterförster Norbert Gamsbart in einer einzigen schwachen Stunde die folgenden Exemplare zur Strecke bringen konnte:

Beim Anblick eines Kohlenhändlers: Ein Gentleman vom Scheitel bis zur Kohle.

Definition der Ehe: Ein Paradies für die Frau, für den Mann lebenslang »Bau«.

Der Mensch wird nie fertig. Deshalb sollte man ihm ruhig Beleidigungen zufügen.

»Aua!« sagte der Pirat, als er in den Bauch gestochen wurde.

Lauf der Welt: Die Dummen werden nicht alle, aber alle werden dummer.

Ich denke, also bin ich – ein Denker.

Vor den Erfolg haben die Götter den Scheiß gesetzt.

Die Quizfrage

Knautschke fragt: Wer war's denn nun schon wieder?

Es sind nicht die schlechtesten Autoren, die der Welt unsterbliche Meisterwerke geschenkt haben, und ihm ist es gelungen, sich in diesen Kreis hineinzuschreiben. Vorerst freilich glich sein Leben dem eines jeden Menschen: Von einem Mann unter Schmerzen gezeugt, von einem Weibe unter Umständen geboren, wuchs er im Norden seines Vaterlandes auf. Seiner erzählerischen Begabung genügte das jedoch bald nicht mehr, er begann zu schreiben und landete auf Anhieb den Bestseller »Buddelbox«.

Nach Jahren des Schweigens folgte sein nächster großer Treffer, »Der Zauderzwerg«. Sein Ruhm begann sich über die Grenzen seiner Heimat zu verbreiten und seine späteren Werke wie »Motte im Eimer« und der Roman »Doktors Hausputz« wurden Welterfolge. Sein Weltruhm wurde ge-

krönt durch die Verleihung eines Preises, der »Hotelpreis«
hieße, finge er nicht mit einem N an und hätte er nicht ein b
in der Mitte.

Seine Enkelkinder, von denen er eine Menge hatte, nann-
ten ihn gern »Omas Mann«. Einem breiteren Publikum freilich wurde er unter einem anderen Namen bekannt.

Wer war's?

Das Gedenkblatt

Der vergessene Mameluck

Selbst Professoren der Germanistik wissen nicht mehr, welch
merkwürdige Rolle der Mameluck Mustafa ben Ough (in
deutscher Schreibweise: *Auch*) in der Dichtung seines Gast-
landes gespielt hat. Und doch haben ihn zwei der größten
deutschen Dichter teils rühmend, teils mitfühlend besun-
gen. Der erste war Schiller, der den Mamelucken in Jena ken-
nenlernte, wohin diesen die wirren Zeitläufte verschlagen
hatten. Er war von der Tapferkeit des äußerlich unscheinbaren Mannes so beeindruckt, daß er ihm in seinem Gedicht
»Der Kampf mit dem Drachen« ein Denkmal setzte:

> »Mut zeigt *Auch*, der Mameluck,
> Gehorsam ist des Christen Schmuck«

dichtete Schiller, der Christ, nicht ohne leise Resignation.

Nach seiner Jenaer Zeit verlieren wir den Mamelucken
aus den Augen, doch einige Jahre später taucht er sterbens-
krank im norddeutschen Wandsbek wieder auf und findet

kurz vor seinem Tode Einlaß in eines der schönsten Lieder deutscher Sprache. Wir meinen das von Matthias Claudius verfaßte Gedicht »Der Mond ist aufgegangen«, in dem der mitfühlende Dichter Gott bittet, uns ruhig schlafen zu lassen, uns und »unseren kranken Nachbarn *Auch*«. Als Mustafa diese Zeilen zu Gesicht bekam, rührten sie ihn so sehr, daß er noch auf dem Totenbett konvertierte. Er starb als Christ.

Die Unkenntnis späterer Setzer oder Korrektoren bewirkte, daß beide literarischen Denkmäler so sehr entstellt wurden, daß sie heute vollkommen mißverstanden werden. Es ist daher dringend zu wünschen, daß in Zukunft die ursprüngliche Fassung der Gedichte wiederhergestellt wird. Wenigstens das sind wir dem tapferen Mamelucken schuldig – finden Sie nicht auch?

Der Nachruf

In memoriam Picasso

Von der Öffentlichkeit bemerkt, starb am letzten Zahltag – aber machen wir es kurz.

Picasso, von dem Pablo Matisse keinmal gesagt haben soll, er sei das Pique Asso der modernen Malerei, kam eigentlich als Pablo Karobubo zur Welt, nannte sich aber nach der Familie der Mutter Max Beckmann.

Schon früh begann er zu zeichnen, zusammen mit seinem Bruder Jan van Picasso entdeckte er die Ölmalerei, eine Vorläuferin des Kubismus.

Bereits mit 12 Jahren schnitt er sich das erste Ohr ab, wenig später schon galt er in seiner Heimatstadt Barcelona als Wunderkind; diesen Titel konnte er bis zum Jahre 1956 erfolgreich verteidigen, er verlor ihn erst nach einem Stechen an Pablo Mozart.

1902 kam Picasso nach Paris und bezog dort sein erstes Atelier, das später berühmt gewordene Künstlerdomizil Sacré-Cœur. Damals war die Seine-Stadt noch das Mekka der Künstler, Muhamed Manet und Ali Renoir waren die gefeierten Größen dieser Zeit, doch bald sollte ihnen der durch einen tragischen Unfall bereits seit der Kindheit verwachsene Korse den Rang ablaufen: Seine Fresken an der bis dahin für unbemalbar gehaltenen Nordwand von Notre Dame nötigten selbst Pablo Grohmann, dem Kunstpapst seiner Epoche – aber wem erzähle ich das alles.

An dieser Stelle sollte vielleicht eine Legende berichtigt werden, die bis heute hartnäckig totgeschwiegen wurde: Picasso war zwar kein Zöllner, er hat dafür aber auch keine Urwaldlandschaften gemalt, ja, er war sogar nie in Mexiko. Das geht aus seinem Fahrtenbuch, das er laut Auflage der Pariser Polizei führen mußte, eindeutig hervor. Jawohl.

Picasso war nun 25, aber seine Schaffenskraft war ungebrochen. Fast ertaubt, dirigierte er vor ausverkauftem Hause seinen berühmten Guernica-Zyklus, der mit dem für ihn so typischen Farbakkord Grau-Grau-Grau-Schwaaaarz beginnt und – aber kommen wir zum Schluß.

Picasso – sein Name umschließt eine ganze Epoche europäischer Kulturgeschichte. Als Kind tanzte er vor Napoleon, das heißt, Napoleon hat vor ihm getanzt, gut 150 Jahre vor ihm, aber auch später sollten große Frauengestalten seinen Weg begleiten: Käthe Kollwitz, Alma Mahler-Werfel, Marie Curie – er hat sie alle geliebt oder gemieden. Und als alter Mann noch entschloß er sich ein letztes Mal zur Ehe. An der Seite von Grandma Picasso lebte und malte er auf seinem Alterssitz Malente-Gremsmoulins ein Bild nach dem anderen, und zwar genau in dieser Reihenfolge. In dem Punkte war er eigen.

Nun hat er seinen Schirm für immer zugeklappt.

Ein Frühvollendeter, der trotzdem 18 Millionen Bilder, 170 Tausend Radierungen und 12 Handzeichen hinterläßt.

Ein Spanier, der trotz aller Erfolge der gutmütige Lauser von nebenan blieb.

Ein Maler, der das stolze Wort aussprechen konnte: »Ich suche nicht, ich pinsle.«

Der Aufsatz

Liebe – Eros – Sexus

Auf einer Abendgesellschaft wurde der greise Casanova von einem blutjungen Mädchen gefragt, welches eigentlich der Unterschied zwischen Liebe, Eros und Sexus sei. Er schaute sie bekümmert an und antwortete sinngemäß, was der Quatsch solle.

Diese Antwort ist bedauerlicherweise auch heute noch typisch. Dabei sind diese Unterschiede ebenso wichtig wie einfach.

Beginnen wir mit der Liebe. Sie meint das geistig-seelische Eins-Sein mit einem anderen Menschen, das meistens ganz harmlos beginnt, dann jedoch dazu führt, daß das Ich den Weg zum Du findet, um schließlich in einem ewigen beglückenden Geben und Nehmen zu enden.

Der Eros ist dahingegen schon daran zu erkennen, daß er auf den ganzen Partner, auf Körper *und* Geist gerichtet ist. Leider kann jedoch auch er zu einem beglückenden Eins-Sein und all den anderen Weiterungen führen, wenn man nicht sehr aufpaßt, da die Grenzen des Eros zur Liebe hin fließend sind. Wer sich absichern will, der sollte vor allem sein Ich unter Kontrolle halten und es, wenn es versucht, sich auf den Weg zum Du zu machen, notfalls mit Gewalt zurückpfeifen.

Der Sexus schließlich sieht im Partner ausschließlich ein Objekt der Lust. Kennzeichnend für ihn ist, daß er an die Stelle des Gebens *und* Nehmens das sehr viel einträglichere Nehmen setzt. Doch so erfreulich und verlockend das alles klingt – rein sexuelle Beziehungen sind ebenso selten wie schwierig zu gestalten. Sobald sie über das rein Körperliche hinausgehen – und das kann bereits mit harmlosen Fragen und Gesprächen beginnen –, schleicht sich nur allzuleicht der Eros in das Verhältnis ein, und von ihm zur Liebe ist es bekanntlich kein weiter Weg.

Daher ist Wachsamkeit nirgendwo so geboten wie gerade in den zwischenmenschlichen Beziehungen. Die geflügelten Worte Julias, mit denen sie Romeo an jenem berühmten Mittwochabend empfing – »Heute mußt du aber ganz besonders aufpassen!« –, sie gelten hier nicht nur für eine schwache Stunde oder einen starken Moment.

Das Feuilleton

Der Apfel des Apoll

Rot, leuchtendes Rot, die Farbe der Blattlaus, der Kardinäle, des Bluts – aber auch die Farbe der Tomate.

Tomate, heilige Frucht! Aphrodite – so berichtet der Mythos – soll sie einst einem Hirten geschenkt haben, der ihr einen Dorn aus der Pratze gezogen hatte. Sappho besingt sie: »Wo nur selten was verpufft, pufft, pufft, von dem Duft, Duft, Duft dieser Frucht, Frucht, Frucht«, heilig war sie auch den Etruskern, die in Tomatenhainen den Beginn des Sommerprogramms feierten.

»Veni, vidi, vici« – Zwiebel, Essig, Pfeffer: bereits Caesar bereitete seinen Tomatensalat auf dieselbe Art und Weise, wie er noch heute von den Bäuerinnen der Schlampagna gekocht wird, Frucht, in der sich die Jahrhunderte die Hände reichen.

Frucht aber auch der Zwietracht. Mit einer Tomate versuchten die Epheser den Apostel Paulus zu steinigen, der HErr aber ließ sie entsetzlich baden gehen. In »Onkel Tomates Hütte« darbten die versklavten Schwarzen. Eine Tomate führte der japanische Kaiser Hirohito in seiner Fahne, als er frevelnd Pearl Harbour überfiel, jene amerikanische Nobelpreisträgerin, die ihm ja nun wirklich nichts getan hatte.

Frucht schließlich der Gegensätze. Bestochene Dalai Lamas schmuggelten sie im Mittelalter von Paderborn nach China, in Tischtennisbällen versteckt gelangt die kostbare Fracht nach endlosen Mühen und kaum vorstellbaren Strapazen in Peking an, wo sie der Kaiser hastunichtgesehen verputzt. Eine Tomate aber war es auch, die Columbus auf die Idee von der Kugelgestalt der Tomate brachte. Und noch heute wird in Amerika die uralte Kunst beherrscht, Tomaten in Flaschen einzutüten: Indianisches Brauchtum lebt weiter in den atomatengetriebenen Ketchupwerken unserer Tage.

Tomate: Frucht zwischen Gestern und Osten ...

Die Kritik

Dreimal Mozart, dreimal Klassiker-Aufnahmen. Die erste zeigt das Wiener Wunderkind beim feierlichen ersten Spatenstich zu seinem Armenbegräbnis, zu sehen ist auf ihr wegen der schlechten Lichtverhältnisse nicht viel, zu hören gar nichts, wenden wir uns also den beiden anderen zu.

Da wäre zunächst einmal Leo Nachts Interpretation der Kleinen Blechmusik, die den Rezensenten freilich kaum überzeugen konnte, nicht wahr, Herr Rezensent?

»Nöö ... Finnichnichgut ... Finnichschwach ...«

Danke, ganz meiner Meinung. Denn soo kann man Mozart nun wirklich nicht mehr spielen: mit nur zwei Sturmspitzen, einer völlig konfusen Hintermannschaft und einer ersatzgeschwächten Streicherreihe, die mit den schweren Noten ganz einfach nicht fertig wird.

Wie anders dagegen der Ansatz Erwin von Karajans! Seine Interpretation desselben Werkes, die 1925 im großen Sendesaal des Merseburger Schlachthauses aufgenommen wurde, fesselt vom Anpfiff an. Durch einen kleinen Kunstgriff – Karajan läßt die Streicher weg und stellt statt dessen die Flöte in den Vordergrund –

»Die Piqueflöte!«

– jawohl, die Piqueflöte, danke, Herr Rezensent, Karo hatte Karajan ja gedrückt –, durch diesen kleinen Kunstgriff also erreicht Karajan nicht nur, daß die Tempi sehr viel lauter wirken, das ganze Werk bekommt auch etwas fast Musikalisches. Ohne ein einziges As, aber mit 27 Buben im Orchester versteht es der Interpret, der sich strikt an die Musikerregel »Langer Ton – kurze Farbe« hält, dem Opus jene heitere Grazie zu verleihen, die Mozart wohl vorgeschwebt haben mag, als er 1785 zu Haydn sagte: »Heit beschlauch i mi – mochst mit?«

»Immer!«

Ach, Sie auch? Herr Rezensent? Bin gleich so weit, muß bloß noch schnell einen Schluß finden – ah! Da ist er ja schon!

Die Rede

Rede zur Klage der Bastion

Liebe Landsläuse! Meine Rahmen und Sperren!

Ohrwurm geht es in diesen Runden? Warum: Anachronistische Säfte, Linksridiküle und ihre Lymphatisanzen schlucken sich an, unseren Spechtsrat zu hinterwandern! Nicht nur unsere freie Mißwirtschaft, nicht nur die Wiedervereisung Deutschlands in Friesen und Geilheit, nein, auch der innere Frieder unseres Geheimwesens ist verroht!

Da beißt es für jeden von uns, die Solidität der Demoskopen nicht nur in Torten, sondern auch in Braten zu beeisen!

Den Kicherreizorganen der Hundesreplik, der Bullizei, der Hundesmär, dem Hundesglänzschmutz sowie den Innengeschwistern der Bänder verschachern wir, und ich glaube, daß jeder hier in diesem hohlen Hause dieser Meisung ist, unser unschweingeschenktes Verdauen!

Die kommenden Knochen werden unsere Gürtel einer engen Zerreißprobe unterschnallen! Jetzt müssen sich Standhäßlichkeit und Bürgerkinn beweinen! Und deshalb ruhe ich alle Menschen guten Brüllens dazu aus, mit mir in den Ruf einzubrechen: Peinlichkeit und Knecht und Dreistheit müssen in unserem Kratersand wieder Gütigkeit verkommen! Und zwar jetzt oder wie!

Meine Samen und Spermen – ich zanke Minen für Ihre Ausmerzamkeit!

Beischlaf von allen Zeiten.

Die Predigt

24. 4. Wegen Terminschwierigkeiten kann die WimS-Weihnachtsandacht erst heute stattfinden. Trotzdem ist selbst das geschäftige Mucksmäuschen still, als Leihbischof Klamm den Klappaltar entert und also beginnt:

»»Es begab sich aber zu der Zeit, daß ein Gebot von dem Kaiser Augustus ausging, daß alle Welt geschätzet werde‹ – jaa, so beginnt die Weihnachtsgeschichte. Was wollen uns diese Worte sagen? Da ist Augustus, ein großmächtiger Mann, ja, ein Kaiser gar. Und was befiehlt er? Befiehlt er, daß alle Welt heruntergeputzt werde? So wie es heute ja leider Mode geworden ist? Nein. Er gebietet ausdrücklich, ›daß alle Welt geschätzet werde‹.

›Aber, aber‹, so höre ich nun euch, liebe Zuhörer, sagen, ›ist es denn überhaupt möglich, alles und jedes zu schätzen?‹ Und hören wir nicht gerade heute allenthalben Sätze wie diesen: ›Ich schätze es gar nicht, wenn man mir Rotwein über die Hose gießt?‹ Nun, meine Lieben, wer so denkt ...«

»Schätze, das reicht!« schreit da Chefredakteur Zirfeld dazwischen.

»Herr Zirfeld, ich frage mich ...«, setzt Klamm an.

»Gegenfrage«, brüllt Zirfeld: »Welches Getränk ist seit der Währungsreform nicht teurer geworden? Das Freibier, von dem ich übrigens ein Glas im Nebenzimmer habe auffahren lassen, das nun ...«

Und – hast du nicht gesehen? – leert sich die Kapelle. Kannst du auch gar nicht gesehen haben, lieber Leser, warst ja nicht dabei. Tja, Pech für dich, denn es wurde noch ein grooooßer Weihnachtsabend ...

Die Reflexion

Was ist der Mensch?

Es ist schon ein seltsam Ding um die Reichen ...

Da traf ich neulich nach langer Zeit einen Klassenkameraden wieder, einen, der es, wie man so schön sagt, geschafft hat, einen Herrscher über Menschen, Mädchen und Maschinen.

Und was sagte mir dieser Mann? Pries er sich glücklich? Prunkte er mit seinen Schnürsenkeln aus eitel Speckstein und seinem Wams aus eitel Schnürsenkeln?

O nein. Er sagte vielmehr: »Jetzt habe ich schon seit über dreißig Jahren jede Menge Geld verdient, doch erst gestern erkannte ich, daß ich über diesem Treiben das Wesentliche vergessen habe … ›Mensch, werde wesentlich‹, las ich, als ich zufällig in den Sinnsprüchen des Angelus Silesius blätterte, und ›Genau!‹ dachte ich unwillkürlich. Den Rest meines Lebens aber werde ich dem Wesentlichen widmen. Und worin liegt das Wesentliche?

Für mich wird es in Zukunft darin liegen, *wesentlich* weniger zu arbeiten und *wesentlich* mehr zu verdienen …«

Und er sah mich mit einem Blick an, der mir durch und durch ging …

Nun, vielleicht nicht durch *und* durch. Aber *durch* bestimmt.

Das Gesetz

Hört, was ich euch verkünde:
Was ihr da tut ist Sünde.

Ihr dürft nicht euren Mitmenschen eins ins Kreuz schlagen und dann sagen: »Nicht so gemeint, bitteschön, alles halb so schlimm.«

Ihr sollt nicht nachts auf die Frauen eurer besten Freunde steigen und ausrufen: »Juvivallera! Die Sache macht ja Spaß!«

Geht nicht ans Henkelkörbchen der Witwe, um die besten Sachen herauszuklauen, den Rest aber zu lassen, vielleicht noch mit einem Briefchen: »Wohl bekomm's!«

So einer den Waisen Unrecht zufügt, so soll ihm auch Unrecht zugefügt werden.

Wer die Erstgeburt ausrottet, dem soll sie bis in das vierte Glied auch ausgerottet werden.

Ihr sollt nicht den alten Menschen verlachen und sagen: »Seht diesen alten Menschen! So alt und schon so hinfällig! Du machst es auch nicht mehr lange, Opa!«

Wer der Eitelkeit frönt und sich fortwährend im Spiegel betrachtet, der soll vierzig Hiebe bekommen.

Wer seine Notdurft nicht verscharrt, der soll verstoßen sein tausendfach.

So einer dem Weibe beiwohnt, das zur selben Zeit einem anderen Manne beiwohnt, so soll er weder Seiler noch Einzelhändler werden können.

Wer der Witwe beiwohnt in dem ersten Monat der Trauer, der soll zwei Scheffel Weizen erhalten. Wer ihr aber in jedem weiteren Monat beiwohnt, der soll leer ausgehen.

Heuchelt nicht!

So einer den Schnabel allzuweit aufreißt, so soll ihm der Älteste sagen: »Reiß den Schnabel nicht allzuweit auf!« Fährt er jedoch fort, den Schnabel allzuweit aufzureißen, so soll man ihn gewähren lassen.

Auch untersage ich das Eckenstehen, die Unzucht an Feiertagen und alles, was damit zusammenhängt, das Fangen und Braten von Schnepfen, sowie die widerrechtliche Inbesitznahme festen oder beweglichen Guts zum Zwecke der Weiterverarbeitung, Vernichtung, Verwendung oder Aufwertung. Der Versuch ist strafbar.

So einer seinen Schwestervater mit einem Beil bedroht, so soll man ihm einmal ganz deutlich klarmachen, daß es so nicht geht.

Redet nicht alle durcheinander!

Ferner gebe ich euch ein Wort, das ihr stets im Munde führen sollt. Ihr sollt es ausrufen, wenn ihr euch des Morgens erhebt, wenn ihr euch des Mittags zu Tische setzt, wenn ihr euch des Nachmittags anschickt, ein Nickerchen zu machen, wenn ihr des Abends zum Weibe geht und zu jeder anderen Tageszeit. Und ihr sollt es in Ehren halten, denn ich habe es euch gegeben. Das Wort aber lautet: »Schnüss.«

So ihr diese Gesetze beachtet, so soll es euch gut gehen. Ihr sollt in Seide gekleidet schreiten und die Tiere sollen euch untertan sein, sowie alle Völker westlich von Ratzeburg, die Völker aber, die östlich von Ratzeburg siedeln, sollen euch nicht untertan sein. Das gilt auch für die Völker, die gegen Abend wohnen, für die Völker unter der Mitternachtssonne und die Völker, die sich von Hunden nähren.

So ihr diese Gesetze aber mißachtet, will ich einen Bund zwischen mir und euch stiften. Und das habt zum Zeichen:

Ich will einen gewaltigen Lärm machen und ihr sollt ihn nicht hören. Das soll gelten für Greise, Greisinnen, Männer, Frauen, Kinder und Kindeskinder, sowie für alles Volk. Dieser Lärm aber soll 1000 Jahre und einen Tag dauern. Danach aber soll er nicht mehr dauern. Und es soll ein ewiger Friede sein.

Arnold Hau

Die Lehre

Aus dem Buch der Wandlungen

I

»Seht diesen Baum«, sagte Lao-tschi einst seinen Schülern unter einer Yunga-Eiche, in deren Schatten sie nach anstrengender Wanderung um die Mittagszeit ausruhten. »Mannsdick der Stamm, sieben Kulis könnten ihn nicht umfassen, stark wie die Arme der Arbeiter von Sezuan die Äste, nicht zu zählen das Blattwerk. Und doch war er einst eine winzige Eichel, ein unscheinbarer Keim. Was lernen wir daraus?«

Die Jünger, die bereits die Augen geschlossen hatten, öffneten sie wieder für einen Moment.

»Geschenkt, Meister, geschenkt!« riefen sie und »Schon gut«.

Seufzend blickte der Lehrer um sich, und als er alle schlafen sah, folgte er mißmutig ihrem Beispiel.

Eines Abends kam ein Jünger zu Lao-tschi und sagte mit erregter Stimme: »Meister, du erzähltest doch einst die Parabel von der Kirsche und dem Spatzen.«

Lao-tschi schaute auf und sagte: »So, tat ich das?«

»Ja«, sagte der Schüler. »Du erzähltest, daß ein Spatz eine Kirsche sah und Appetit nach ihr verspürte und sie verschlang. Da sie aber zu groß für ihn war, erstickte er an ihr. So geht es jedem, der allzu habgierig ist, sagtest du.«

»Sagte ich das?« fragte Lao-tschi. »Dann wird es wohl stimmen.«

»Nein, es stimmt ganz und gar nicht!« schrie der Schüler.

»Ich habe daraufhin die Spatzen beobachtet. Sie denken nicht daran, Kirschen zu verschlucken. Sie picken langsam an den Früchten herum, bis sie genug haben.«

»So?« sagte der Meister glücklich. »Da sagt man immer, die Spatzen hätten nur ein kleines Hirn. Und trotzdem haben sie auf meine Worte gehört und sich gebessert. Was lernen wir daraus?«

»Daß deine Parabeln hinten und vorne nicht stimmen«, brüllte der Schüler.

»Das auch«, entgegnete der Meister. »Aber ich wollte eigentlich noch etwas anderes sagen. Wie war das gleich? Na, es tut nichts zur Sache.«

Und er vertiefte sich wieder in das Buch der 88 Sprüche, während sein Schüler in eine Dunkelheit hinauswankte, die für ihn auch durch den milden Vollmond nicht heller wurde.

Lao-tschi pries einst das Wasser.

»Ich wüßte wirklich nicht, was ihm gleichkäme«, sagte er. »Der Wein? Nein, der ist von anderem Geschmack und berauscht. Das Gras? Nein, es ist grün und oben spitz. Der Stein etwa? Nein, der ist rund, und man kann ihn wegwerfen. Der wilde Büffel? Nein, er rennt ziellos hin und her und kann mit dem Schwanze wedeln.«

Hierauf schwieg Lao-tschi eine Weile, worauf er erschöpft fortfuhr: »Ich könnte euch noch andere Beispiele nennen. Doch vielleicht glaubt ihr mir auch so, daß ich wirklich nicht weiß, was dem Wasser gleichkäme?«

»Aber ja!« riefen die Schüler, die nicht im mindesten daran gezweifelt hatten, »Aber ja! Und nun ruhe wieder ein wenig, Meister!«

Das Vermächtnis

An meine Söhne

Zum Geleit: Ich sage euch wohl nichts Neues, wenn ich euch sage, daß ich soeben sagte, daß ich euch »nichts Neues« gesagt habe. Beachtet das bitte bei der Lektüre der folgenden Zeilen.

Seid immer anständig zu mir, vergeßt nie, daß ich euer Vater sein könnte.

Hütet euch vor Menschen, die euer Bestes wollen. Denn das ist und bleibt nun mal euer Bargeld.

Redet nicht schlecht von den Distelfinken. Denkt stets

daran, daß es ein Distelfink war, der seinerzeit – ach nein, das war ja gar kein Distelfink. Also, meinethalben, redet schlecht von den Distelfinken.

Ihr sollt nicht und es dann doch tun.

Seid gut zu den Armen. Wenn ihr die nicht hättet, würden euch die Rucksäcke dauernd runterfallen. Nur zum Beispiel.

Wo zum Weib ihr nicht die Tochter wagen würdet zu begehren, haltet euch zu wert, um gastlich in dem Hause zu verkehren. Es sei denn, ihr wollt bei der Mutter landen.

Laßt euch nicht durch Schmeicheleien verwirren. Seht: Der Schmeichler ist doch oft nur ein dummer Süßholzraspler, während ihr klug, wohlgestalt und hochgewachsen seid; ja, ihr seid schön, meine Söhne, schön seid ihr. (Schön doof, Anm. d. Vaters.)

Beim Essen gehören die Hände auf und nicht unter den Tisch. So kommt ihr schneller an die Pastetchen.

Seid nicht wie das Wasser im Wind, das sich da kräuselt, wenn es säuselt, seid lieber wie Vorstopper Schwarzenbeck: umsichtig, raumdeckend und ungeheuer spurtschnell.

Es gibt zwei Sorten von Menschen: solche, die vorn und solche, die hinten nicht mehr hochkommen. Es liegt an euch, zu welchen ihr dereinst gehören werdet!

Zum Ausklang: Wenn es stimmt – und es stimmt nicht –, daß die Sonne ein Pfannekuchen ist, dann sollte es einen eigentlich ein klein wenig mehr verwundern, wieso es im Sommer immer so schön warm ist.

Denkt auch darüber einmal nach!

Der Kommentar

Das Quadrat und die Frauen

DIE NACHRICHT:

```
epz 180 191280 apr 80 vvvg
Lrf 112 ab
dpa (rg)

wissenschaftler des instituts fuer grundlagenforschung
in muenchen haben in reihenversuchen mit weiblichen
testpersonen herausgefunden, dass frauen keine quadrate
zeichnen koennen. eine erklaerung fuer diese bisher
unbekannte tatsache ...

-------
```

DIE KOMMENTARE:

Frankfurter Rundschau

Frauen, hört man, können keine Quadrate zeichnen. Ja
und? Anstatt – wie es geschehen ist – schadenfroh auf diese Nachricht zu reagieren, sollten wir Männer uns doch
lieber fragen, wohin wir es mit unserer Fähigkeit, Quadrate zu zeichnen, eigentlich gebracht haben. Haben wir
diese uns allen anvertraute Erde in den Jahrtausenden, in
denen ihre Geschicke vom Patriarchat gelenkt wurden,
nicht an den Rand des Abgrunds geführt? Ist es nicht fünf
vor zwölf? Strotzt der Erdball nicht von den schrecklichsten Vernichtungswaffen, die ohne die, allerdings männ-
liche, Erfindung des Quadrats wohl kaum in dieser Per-
fektion hätten entwickelt werden können? Freilich – auch
ein Straßburger Münster, ein Dürer, eine Hochrenais-

48

sance, alles erwiesenermaßen »Männer«-Leistungen – auch wenn diese Erkenntnis militanten Feministinnen nicht schmecken mag – basieren auf dem Vermögen des Mannes …

Stadtzeitung für Frankfurt

… in unserer Männergruppe jedenfalls hat die Nachricht, daß Frauen keine Quadrate zeichnen können, erst echt irritierend gewirkt. Dann aber hat Werner den Vorschlag gemacht, wir alle sollten doch mal angstfrei unsere geometrische Sozialisation einbringen, und da ist uns in sehr intensiven Gruppengesprächen klargeworden, wie sehr …

DIE ●WELT
UNABHÄNGIGE TAGESZEITUNG FÜR DEUTSCHLAND

Der Wunschglaube nicht nur der Neurotiker und Chaotiker der linken Szene, sondern auch mancher sich »liberal« gebender Kreise, man könne die natürlich gewachsenen Unterschiede zwischen den Geschlechtern so einfach leugnen, hat durch die Wissenschaftler des ›Instituts für Grundlagenforschung‹ eine nur auf den ersten Blick amüsante Relativierung erfahren. Denn hinter der überraschenden Feststellung, daß Frauen keine Quadrate zeichnen können, steckt mehr als eine nur marginale Korrektur jener Weltverbesserungsutopien, die in den späten 60er Jahren ihren Ausgang nahmen und auf geradem Weg in den Terrorismus führten. Zuende gedacht, bedeutet sie nicht mehr und nicht weniger als eine Bestätigung auch und gerade unserer

Wirtschaftsordnung. Sie, die sich von Beginn an mit wachem Instinkt weigerte, unsere Damenwelt dem fruchtlosen Konkurrenzkampf mit den Männern – zumal im gehobenen Management – auszuliefern, darf heute von sich behaupten, die Zeichen der Natur ...

Brigitte
Das Magazin für Frauen

... lassen wir also den Männern ihre Quadrate, und schauen wir uns die Frühjahrsmode auf S. 144–155 an. Kein Zweifel: Die Mode wird wieder normaler. Was wir in diesem Heft zeigen, wird sicher allen Frauen Appetit machen, denen die Trends des letzten Jahres zu schwer im Magen lagen. Was BRIGITTE anläßlich ...

Kompliment, meine Damen! Zwei Nachrichten. Zwei Welten.

Da haben Wissenschaftler herausbekommen, daß Frauen keine Quadrate zeichnen können. Typisch Mann.

Da hat Mutter Teresa den Friedensnobelpreis dafür bekommen, daß sie viele Jahre lang Inderkinder bemuttert hat. Typisch Frau.

Wir meinen: Forschung ist gut. Ohne Forschung kein Fortschritt. Liebe ist besser. Ohne Liebe kein Leben. Frauen kennen es noch, das Geheimnis, wie man Liebe gibt. Das ist wichtiger als alle Quadrate der Welt. Danke, Mutter Teresa!

»Na denn Prostata!« hatte sie anläßlich des Bundespresse-balles noch im Kreise schwofender Chauvinisten gescherzt, doch zwei Stunden später kehrte die alberne Alice (35) wieder die schwierige Schwarzer (37) hervor: »Unfug!« Stein des Anstoßes: die ärgerliche Erkenntnis des Instituts für Grundlagenforschung‹, daß Frauen keine Quadrate zeichnen können. Ereiferte sich die hochgemute Herausgeberin des eher engstirnigen Emanzenblattes: »Können sie doch!«

Freilich dürfte es der schwadronierenden »Schwanz-ab«-Schwarzer diesmal schwerfallen, die Erkenntnisse des Instituts allein durch verbale Kraftakte zu widerlegen. Stützen sie sich doch auf Untersuchungsmethoden, die kratzbürstiger Krittelei wenig Handhabe liefern: Ein repräsentativer Querschnitt von drei Frauen wurde – unabhängig voneinander – in einen schalltoten, lichtlosen Raum geführt und ...

DIE☙ZEIT

... in das fruchtlose Lamento all jener einzustimmen, die da mit Erwin Morgennatz meinen, »daß nicht sein kann, was nicht sein darf«. Wäre es nicht sinnvoller, die Erkenntnis des ›Instituts für Grundlagenforschung‹ nicht als Cannae, sondern als Rubikon des Feminismus zu werten? Eines, mit Montesquieu zu reden, »wohlverstandenen« Feminismus, der über den »astra« nicht vergißt, wie viele »asperas« der Mann im Laufe leidvoller Jahrtausende zu durchqueren hatte, bis er schließlich Quadrate zeichnen konnte?

So viel zumindest scheint festzustehen: Eine Frauenbewegung, die, entgegen wissenschaftlich gesicherten Fakten, weiterhin dem Prinzip des schieren Voluntarismus huldigt, wird ihre Anhängerinnen früher oder später in ein Valmy hineinführen, das sich als äußerst zweischneidige Medaille entpuppen könnte. Zumal in einer Welt, in der nur Realitätstüchtigkeit und Augenmaß eine Gewähr dafür bieten, daß dem über uns schwebenden »Hi Roshima« nicht ein schreckliches »Hi salta« folgt, welches dann freilich die Unterschiede zwischen Männern und Frauen in einer Weise nivellieren dürfte, die auch hartgesottenen Suffragetten …

Der Brief

GROSSARTIGES KUNSTMAGAZIN ›ART‹,
»Keine Kunstzeitschrift informiert Sie umfassender und verständlicher über Kunst«, behauptest Du von Dir, und diese umfassende Information geht schon in Deinen Anzeigen los: »El Greco – Prophet der Neuen Malerei.« El Greco? Was'n das für ein Vogel? »Mehr als 360 Jahre nach seinem Tod widerfährt El Greco, einem in Spanien malenden Griechen, jetzt Gerechtigkeit« – tut sie das? Wie schön. Gemalt hat er? Was'n da? »Die bislang größte Greco-Ausstellung feiert den fast in Vergessenheit geratenen Künstler« – fast? Ganz! Wie hätte man denn auch jemals etwas von El Greco erfahren sollen – sieht man mal von den ca. 200 El-Greco-Monographien ab, die seit Beginn dieses Jahrhunderts erschienen sind, sowie davon, daß dieser Herr aber auch in keiner Kunstgeschichte und in keinem

größeren Museum fehlt –: »feiert den fast in Vergessenheit geratenen Künstler als« – als was denn? Als Schüler Tintorettos? Als Vertreter des Manierismus? Als Sonderfall der spanischen Malerei? Ach, was sind wir nun gespannt –: »als Vorläufer der Neuen Malerei des 20. Jahrhunderts.«

Na, da hat er ja wenigstens nicht umsonst gemalt, der alte Ekstatiker! Von niemandem bemerkt, ist er den Neuen Wilden vorangelaufen – geradewegs in die Arme von ›art‹. Welche Fänge werdet Ihr uns noch präsentieren? Kleiner Tip: Im alten Holland soll mal einer ebenfalls einen ganz schön heißen Pinsel geschwungen haben. Weinbrandt oder Remtemtem – jedenfalls auch jemand, den Ihr locker als fast vergessenen Vorläufer der Nagelneuen Malerei verbraten könnt.

Stellt schon mal die Pfanne heiß! Das rät Euch

Titanic

Das Tagebuch

Aus drei Brunnen-Heften (5. 12. 87 bis 13. 3. 88)

Pflegefall: Es gibt keine Verpflichtung der Volksgemeinschaft bzw. der Kulturnation, irgendetwas von dem aufzuheben, was aktuell an Kunst produziert wird, noch von dem, was sich da so in den letzten fünf Jahrzehnten angesammelt hat. Dann freilich beginnt eine gewisse Verantwortung: Was *so* alt geworden ist, sollte auch ein Gnadenbrot bekommen.

Peinlicher Moment, als Cs Bruder im Ecklokal auf mich zutrat, schwer entstellt und zum Sprechen unfähig durch mehrere Krebsoperationen, um sich dadurch für ein Hochzeitsgeschenk zu bedanken, daß er einen mit »Danke« beschrifteten Bierdeckel vor mich auf den Tisch legte. Da tat ich das falscheste und schrieb ihm, der doch hören konnte, »Bitte« darunter.

Zu spät: Als nach einer Lesung eine schöne Frau mir sagte, sie verstehe etwas von Intelligenz und meine sei herausragend, da erwiderte ich Verwirrtes und Undeutliches, anstatt die einzig denkbare wirklich intelligente Antwort zu geben: »Endlich lobt mal jemand meine Intelligenz und nicht immer nur meine Schönheit.«

Werke markieren in der Biographie eines Autors jene Momente, in welchen es ihm gelungen ist, sich mal wieder an den eigenen Haaren und mit eigener Hand aus dem Sumpf zu ziehen, richtiger: So viel festes und haltbares Material im Sumpf des Lebens zusammenzuraffen, daß er sich auf dem Zusammengetürmten für eine Weile ausruhen kann und sicher wähnen darf. Aber nicht lange! Er will ja weiter, ans rettende Ufer, also wird er den Ruhepunkt früher oder später verlassen, um weiterzuplanschen, weiterzuversinken, weiterzuraffen, weiterzubauen, weiterhinaufzukrabbeln, weiterauszuruhen, weiterzuziehen, weiterzuhoffen – und so fortan, bis er endlich begreift, was er insgeheim immer schon wußte: daß es gar keine rettende Küste gibt, daß Rettung immer nur punktuell möglich war, auf jenen nun immer weiter zurückliegenden Gebilden, die, je länger desto eindeutiger, wirklich zu einer Art von Küstenstrich zusammenrücken, nur daß der hinter dem Reisenden liegt, dort also, wohin kein Weg mehr zurückführt. Also alles vergebens? Keineswegs. Der aus dem Nichts aufgebrochen war, zieht zwar immer noch ins Nichts, wie vor dreißig Jahren, doch wenn er zurückschaut, ist da nicht mehr nichts. Und das ist immerhin schon etwas.

Gelesen in der U1 in F/M, mit Filzer auf den Kunststoffsitz der U-Bahn geschrieben: »Wozu Tierversuche? Es gibt doch Lehrer.«

W. auf die Frage, wie es denn so sei als 50jähriger: »Ich fühle mich überhaupt nicht so. Nicht als 50jähriger jedenfalls. Anders.«
    »Jünger?«
    »Ja, sicher.«
    Es liegt wohl in der Natur der Sache, daß man sich desto jünger fühlt, je älter man wird. Vom Burschi zum Bubi – und wenn dann schließlich Freund Hein seine Sanduhr schwingt, ruft man entgeistert: »Jetzt holen sie schon die Kinder!«

Das mag, mein Freund, ein schlechtes Gedicht sein. Doch ist, mein Freund, Sein besser als Nichtsein – Oder etwa nicht?

Ich werde prinzipiell nicht grundsätzlich.

Ein Mann beim Sex-Berater wg. Impotenz. Der Arzt beruhigt ihn: Daß das häufig vorkomme. Daß Sex nicht gleich Beischlaf sei. Daß Frauen nicht nur durch den erigierten Penis zu befriedigen seien. Daß Zärtlichkeit viel wichtiger sei etc.

Zum Schluß hat er den Patienten wieder aufgerichtet, und zum Abschied haut er ihm auf die Schulter: Kopf hoch, alter Junge, jetzt ziehen Sie mal die Tante durch, daß die Heide weint, und dann läuft der Laden wieder!

Sie: Wenn du nicht mit mir schlafen willst – was willst du denn dann von mir?

Er: Das ist jetzt aber ein sehr reduziertes Bild der Frau, das du da entwirfst!

Giacometti in Stuttgart: Die dürren Giacometti-Frauen und die drallen Schwäbinnen, alle jung, straff und putzmunter – das Leben geht weiter, als es Giacomettis Kunst eigentlich erlaubt. Aber auch: Schön, daß solch eine reduzierte Kunst so viel pralles Leben heranzulocken vermag. Erfreut siehts der Schwerenöter, der hier alles auf einen Blick serviert bekommt: die ewigen Frauen und die vergänglichen, die Bronze und das Fleisch, die ausgezehrten Idole und ihre rundlichen Verehrerinnen.

Der penetrante Fan (nach einer Lesung in Ludwigsburg):
– Du bischt für mi der Gröschte ... I duz di einfach ... Trinket mir no oi Alt ... Die Kreativität fängt da o, wo d' Eifälle aufhöre ... I bin bsoffe ... I trink seit Eins ... Seit Eins ...
– Wieso trinkst du denn seit Eins?
– Weil i bis Eins gschlofe hob!

Ausstellung meiner Karikaturen in der Parlamentarischen Gesellschaft zu Bonn. Garbe berichtet mir, ein ihm bekannter Anästhesist erzähle den Patienten vor oder während der Anästhesie zur Beruhigung Gedichte aus meiner Feder, einem habe er das Gedicht »Der Hinz, der spricht zum Kunz« vorgetragen. Der Patient sei ohne jedes Lächeln eingeschlafen, habe jedoch beim Aufwachen, etwa eine dreiviertel Stunde später, lange und heftig gelacht.

Der Gute redet stets über sein Gutsein. Seit zwei Jahren bin ich clean, sagt der Ex-Raucher stolz. Der Schlechte schweigt, da ihn sein Schlechtsein bereits ausreichend belohnt.

Niemand sagt: Jetzt ist es schon zwei Jahre her, daß ich trinke. Jeder erklärt unaufgefordert, er trinke seit x Jahren keinen Tropfen mehr. Worin liegt eigentlich der Wert, etwas nicht zu tun?

> Was mich tröstet? Die Musik
> dieser Welt von Bach bis Griegk.
> Sie versöhnt mich mit dem Krach
> der Musik von Griegk bis Bach.

Sensibilisierung durch Kunst, in diesem Fall Beuys. Er ist jener Künstler, der mich darauf aufmerksam gemacht hat, daß überall was rumliegt. Ohne ihn hätte ich das da weder bemerkt noch für bemerkenswert gehalten: Auf dem Bürgersteig der Neuhausstraße fällt mir ein Stück Hundescheiße auf, an dem, angeklebt, eine zarte, aufrecht stehende Taubenfeder im milden Wind mehr zittert denn flattert.

Ein Gedicht von H. Kohl:

> Vorm Eßtich da dacht ich
> Was gibts wohl zum Nachtich?

III Erzählen

Das Rätsel

Diesmal gilt es eine einfache Dreisatzaufgabe zu lösen: Wenn REDEN Quecksilber ist, was ist dann SCHWEIGEN? Na? Naaa …?

Quecksgold natürlich. Und versuchen Sie bitte nicht, diese Lösung anzuzweifeln. Das hat nämlich überhaupt keinen Queck.

Die Fibel

Kinder – mal herhören!

Vorschläge für ein zeitgemäßes Lesebuch der zweiten Klasse

WEIHNACHTEN
ICH BIN ERIKA.
JETZT KOMMT WEIHNACHTEN.
ICH SCHENKE VATI EIN TISCHFEUERZEUG ZU 22,50 DM.
VATI SCHENKT MICHAEL TENNISSCHLÄGER ZU 22 DM.
MICHAEL SCHENKT MUTTI EINE SCHÄLMASCHINE ZU 19,70 DM.
MUTTI SCHENKT MIR SCHALLPLATTEN IM WERT VON 18 DM.
4,50 DM MUSS ICH NOCH BEKOMMEN.
VON WEM?
ICH BIN SO GESPANNT AUF WEIHNACHTEN.

RATENZAHLUNG

HÖRT MAL ZU, KINDER. ICH BIN KARLCHEN.

DIETER HAT MIR SEIN SCHWESTERCHEN VERKAUFT.

ICH ZAHLE ES IN MONATSRATEN ZU 20 PFENNIG AB.

WENN ICH 25 BIN, GEHÖRT MIR DIETERS SCHWESTER-
CHEN.

DANN WERDE ICH ES HEIRATEN ODER GEBRAUCHT
WEITERVERKAUFEN.

AUSSERDEM STOTTERE ICH EINEN FUSSBALL, EINEN
ROLLER UND EINEN DAUERLUTSCHER AB.

MANCHMAL GEHE ICH SORGENVOLL ZU BETT.

ABER VATI HAT ES BIS JETZT AUCH IMMER GESCHAFFT.

GASTARBEITER

MICHAEL UND ICH GEHEN ZUM BAHNHOF.

IN DER HALLE SIND VIELE MÄNNER.

SIE REDEN UND SINGEN.

MICHAEL UND ICH VERSTEHEN KEIN WORT.

VATI SAGT, DASS DAS DIE ITALIENER SIND.

ER SAGT, DASS SIE FAUL, KLEIN UND DRECKIG SIND.

MUTTI SAGT, DASS SIE AUFDRINGLICH SIND.

SEIT ZWEI WOCHEN IST EIN ITALIENER BEI VATI IN DER
FIRMA.

ER IST SAUBER, FLEISSIG UND AUS SPANIEN.

MUTTI IST DREIMAL AM BAHNHOF GEWESEN.

NIEMAND HAT SIE BELÄSTIGT.

JETZT SIND VATI UND MUTTI SAUER.

SIE SAGEN: »DAS IST TYPISCH FÜR DIE ITALIENER. SIE
VERSTELLEN SICH ALLE.«

(1962)

Der Witz

Neue Ostfriesenwitze

Woran erkennt man bei einer Trauung in Ostfriesland die Braut?
An ihrem weißen Schleier.

Warum haben viele Ostfriesen eine Mütze auf?
Um den Kopf zu wärmen.

Was sagt ein Ostfriese, wenn er einem anderen Ostfriesen begegnet?
Moin, moin.

Warum gibt es in Ostfriesland so viele Möwen?
Weil Ostfriesland am Meer liegt.

Die Fabel

Der Uhu und der Hase

Ein alter Uhu trat eines Tages vor den Hasen hin und sagte: »Ich glaube zuversichtlich, schneller als du laufen zu können. Daher bitte ich dich, deine Kräfte mit den meinen zu messen!« Der Hase nahm die Herausforderung an, und an einem vereinbarten Tage fanden sich beide im Gottfried-Hammer-Stadion ein, dessen Ränge schon dicht besetzt waren.

Der Uhu, der in sehr guter Form antrat, ging sogleich nach dem Startschuß in Führung, er hielt den ersten Platz auch während der drei angesetzten Runden, doch in der Zielgeraden holte der Hase auf, Brust an Brust zerrissen beide das Zielband, und erst das Zielfoto klärte einwandfrei, daß der Hase den Lauf gewonnen hatte.

Der Uhu nahm das Ergebnis jedoch in sehr unsportlicher Haltung auf. Er bezichtigte die Jury der Schiebung, trat dem Hasen gegen das Bein und beschimpfte Meister Grimbart, einen der Schiedsrichter, als alten Frechdachs. Auf Grund dieser Vorfälle schloß ihn der Verband aus und erteilte ihm überdies ein zweijähriges Startverbot.

Moral: Suche das Unrecht nicht bei anderen, wenn du es auch bei dir selbst finden kannst.

Denn: Was ein alter Uhu ist, muß sich damit abfinden, nicht mehr zu den jüngsten zu zählen.

Und: Wer es mit den Hasen aufnehmen will, muß sich eben sputen.

Die Legende

Wer schon einmal in London war, kennt sie sicher, die Victoria-Station, jenes längliche Bauwerk, das sich wie ein steinerner Zeuge mitten in der Millionenstadt erhebt. Aber wer weiß schon, wieso es gebaut wurde?

Nun, einst hatte sich die Queen Victoria bei der Jagd verirrt, immer verzweifelter wurde ihre Lage, und schließlich brach sie mitten im Walde zusammen, die nackte Furcht in den Augen, ein Stoßgebet auf den Lippen, doch da teilte sich plötzlich das Gesträuch und ein Hirsch trat heraus, ein Hirsch, der ein Geweih auf dem Kreuz oder ein Kreuz zwischen dem Geweih trug, da gehen die Meinungen auseinander, verbürgt jedoch ist, daß der Hirsch eine segnende Bewegung mit der Hinterhand machte und also zur Königin sprach: »Habe keine Angst! Denn du wirst in Bälde errettet werden!«

Da aber sank die Königin in die Knie und gelobte, an dieser Stelle einen Bahnhof zu errichten.

Die Anekdote

Erwin Ullstein

Erwin Ullstein, der bekannte Verleger, war zugleich ein begeisterter und gefürchteter Hobby-Zyniker. Doch hin und wieder fand auch er seinen Meister. So, als er einmal an Tucholsky ein Telegramm kabelte, das aus dem lakonischen Satz bestand »Zahle Honorar rar«.

»Liefere Beiträge träge«, kabelte Tucholsky ungerührt zurück, und diese glänzende, von Ullstein mit einer Honoraraufbesserung belohnte Replik machte bald die Runde durch die Berliner Literatencafés, wo sie auch Hannes Heber zu Ohren kam, der gleichfalls mit den Ullsteinschen Honoraren unzufrieden war und daher spornstreichs in die nächste Post eilte, wo er das an den Verleger gerichtete Telegramm »Schreibe Artikel ikel« aufgab, ein Schritt, der jedoch nicht den beabsichtigten Erfolg hatte, sondern vielmehr dazu führte – aber liest überhaupt noch jemand zu? Na gut, hör' ich halt ab.

Das Märchen

Die Waldfee und der Werbemann

Es war einmal ein Werbemann, der hatte seiner Agentur viele Jahre lang nach besten Kräften gedient. Da begab es sich, daß die Agentur den riesigen Etat für ein neues Produkt an Land zog. Dieses Produkt aber hieß »Meyers Pampe«, und das war eine Pampe, die einen echten Produktvorteil besaß, da sie alle anderen Pampen an Klebrigkeit, Sämigkeit und Pampigkeit weit übertraf. Und weil das so war, sollte sie auch mit einem Slogan beworben werden, wie er eingängiger und treffender noch nicht erdacht worden war. Diese Aufgabe nun fiel unserem Werbemann zu, doch wie er sich auch anstrengte, alles, was ihm einfiel, war der Spruch »Meyers Pampe ist die beste«. Diesen Vorschlag hatte er auch beim Kreativdirektor eingereicht, doch wie er des Abends Überstunden machte, da hörte er, wie der Kreativdirektor dem Agenturchef auf dem Flur sagte: »So geht es nicht weiter mit unserem Werbemann. Er ist alt und zahnlos geworden. Das beste ist, wenn wir ihn so bald wie möglich schlachten.«

Da krampfte sich das Herz des Werbemannes zusammen, und er dachte bei sich: »Bevor es so weit kommt, da will ich lieber in die Fremde ziehen.« Und noch in derselben Nacht schnürte er sein Bündel und wanderte zur Stadt hinaus.

Bald gelangte er in einen tiefen Wald, wo er sich ermattet ins Gras sinken ließ. »Ach«, dachte er glücklich, »wie schön ist es doch hier im Wald. Hier will ich mein Leben beschließen. Was brauch ich denn? Wasser gibt's hier im

Überfluß, Pilzchen und Würzelchen ebenfalls. Und Ruhe! Wenn ich dagegen an die Hetze in der Agentur denke!« Und unter solchen Gedanken schlief er ein.

Am folgenden Morgen tat er sich zunächst am Quell gütlich, dann verspeiste er einige Wildkirschen, die ihm köstlich mundeten, und schließlich streckte er sich auf der Wiese aus und ließ sich die Sonne recht ordentlich auf den Pelz brennen. Als er so eine Weile gelegen hatte, da sah er einen Hasen über die Wiese hoppeln, und unwillkürlich ging ihm das folgende Verslein durch den Kopf: »Selbst der braune Meister Lampe greift erfreut nach Meyers Pampe.«

Das aber ärgerte ihn, und so verscheuchte er jeglichen Gedanken an Meyers Pampe aus dem Kopf und konzentrierte sich auf ein allerliebstes Meisenpaar, das auf dem Ast einer Buche turtelte. Doch auch bei diesem Anblick ging es ihm nicht besser. »Die Meise ruft es vom Geäste: Meyers Pampe ist die beste!« reimte er wider Willen. Das ärgerte ihn noch mehr und laut rief er aus: »Ach Scheiße, was geht mich denn jetzt noch diese Pampe an!« Doch schon im selben Moment schoß ihm wieder ein Verslein durch den Kopf: »Ach Scheiße, ruft der Werbemann, nichts reicht an Meyers Pampe ran« – und so ging es ihm mit jedem Ding, das er betrachtete und bedachte, bis es ihn nicht länger hielt. »Was habe ich hier im Wald verloren?« dachte er bei sich. »Ein kreatives Talent wie ich gehört nun mal in eine Agentur!« Und er begann so schnell wie möglich in die Stadt zurückzuwandern.

Da geschah es, daß ihm am Waldrand eine Fee begegnete.

»Guten Tag, lieber Werbemann«, sagte die Fee. »Ich weiß, daß du ein unschuldiges Gemüt hast, und deswegen sollst du jetzt drei Wünsche frei ha –«

Doch der Werbemann war so in Gedanken versunken, daß er gar nicht auf das hörte, was die Fee sagte, ja, er unterbrach sie sogar und rief ihr zu: »Du tust mir in der Seele weh, weil ich dich ohne Meyers Pampe seh!« Und mit diesen Worten ließ er die verdutzte Fee stehen und eilte in die Agentur zurück, wo er dem Kreativdirektor sogleich stolz seine neuen Slogans unterbreitete.

Diese Vorschläge freilich stießen auf eine derartige Ablehnung seitens der Geschäftsleitung, daß der Werbemann noch am selben Nachmittag geschlachtet wurde.

Die Fee aber nahm sich seine Worte so sehr zu Herzen, daß sie fortan nur noch Meyers Pampe benutzte. Und da sie der erste Versuch sehr zufriedenstellte, benutzt sie sie wohl noch heute.

Die Kurzgeschichte

Arabien

Achmed, ein Kaufmann aus Bagdad, hatte sich kaum im Hafen von Dschidda eingeschifft, als sein mit kostbaren Tuchen beladenes Schiff in einen furchtbaren Sturm geriet und mit Mann und Maus unterging. Er allein konnte sich auf einem Delphin retten, doch auch das hätte ihm nicht viel genützt, wenn nicht ein Greif beide gepackt und in sein Nest getragen hätte. Von dort floh der Kaufmann, indem er aus den Flügeln der jungen Greifen einen Flugapparat baute, gelangte in ein unermeßlich reiches Land, in dem die Menschen auf dem Kopf gingen, und wurde dort Ratgeber des Königs.

Die Sehnsucht nach seiner Heimat ließ ihn erneut flüchten, Menschenfresser fingen ihn, er entkam mit Hilfe der Tochter des Häuptlings, erreichte das ferne China, fand dort den geheimen Zugang zum Goldland und kehrte nach vielen Jahren zehnmal so reich nach Bagdad zurück, wie er ausgezogen war.

Der erste, den er dort traf, war ein alter Freund. »Hallo, Achmed«, rief dieser, »dich hat man aber schon eine Ewigkeit nicht mehr gesehen. Wie ist es dir denn in der Zwischenzeit ergangen?«

»Ich kann nicht klagen«, antwortete Achmed. »Und was hat sich hier getan?«

»Allerhand, mein Lieber«, sagte der Freund, »Said zum Beispiel hat den Teppichhandel aufgegeben und ist jetzt bei Fajoud in Medina angestellt.«

»Unglaublich«, unterbrach ihn Achmed.

»Und der alte Ibn Mir hat seine zweite Frau verstoßen und die Tochter des Wasserträgers geheiratet!«

»Na ist denn das zu fassen. Die Tochter des Wasserträgers!«

»Ja«, sagte der Freund, »sie ist allerdings eine Schönheit. Und der kleine Ben Zwi ist zum zweiten Male Vater geworden.«

»Der kleine Ben Zwi«, rief Achmed aus, »ja ist denn das die Möglichkeit! Erzähle mir mehr!«

Und da sie an diesem Tage nicht fertig wurden, lud Achmed seinen Freund in seinen Palast ein, wo ihm dieser 40 mal 40 Tage Bericht erstattete. Reich beschenkt machte er sich schließlich daran aufzubrechen, als er auf der Treppe noch einmal stehen blieb.

»Um das noch kurz zu erzählen, der alte Mouludji hat

sich mit Harun verkracht.« »Das höre ich ja das erste Mal«, schrie Achmed, »das mußt du mir aber genauer erzählen.«

Und so blieben sie weitere 40 Tage und Nächte beisammen, denn, wie schon der Koran sagt, von drei Dingen kann der Mann nicht genug bekommen: von Frauen, von Kus-Kus und von guten und lehrreichen Geschichten.

Die Lesung

Ich lese aus einem Manuskript, das ich bisher noch nicht veröffentlicht habe. Es trägt den Arbeitstitel »Aktien«. Die Situation ist folgende: Gustav ist aus den 60er Wirren mit einem verletzten Bein in seine Heimatstadt zurückgekehrt. Dort hat er nach seinem Vaterhaus gesucht und es schließlich gefunden. Es liegt in Trümmern. Während er schweigend durch die Überreste wandert, trifft er eine Frau, die er anfangs für seine Mutter hält. Sie ist es auch, aber auf eine sehr verwickelte Weise – ich kann das hier alles nur andeuten – ist sie zugleich seine vor Jahren verstorbene Geliebte und sein Gewissen. Sie veranlaßt Gustav, auf reichlich krummen Wegen die Aktienmehrheit der Brauerei der Heimatstadt zu erwerben.

Gustav erreicht dieses Ziel, indem er den Bürgermeister vielfacher Umtriebe anklagt, seine Versetzung bewirkt und sich selbst zum neuen Bürgermeister ausrufen läßt. Dadurch gelangt er automatisch in den Vorstand der Brauerei und befiehlt, daß ihm ein Aktienpaket überreicht wird. Unterdessen ist sein Vater ebenfalls aus den Wirren zurückgekehrt. Als Türke verkleidet – es würde im Moment zu weit führen, zu erklären, wieso er gerade diese Verkleidung gewählt hat –, deckt er den Schwindel seines Sohnes auf, doch er schweigt.

Eines Abends jedoch sucht ihn der Pastor auf, der gesehen hat, wie Gustav die Aktien beiseite schaffte, und stellt ihn zur Rede.

Die folgende Passage nun beschreibt ihre Begegnung:

»Der Pastor kam schnell herbei und der Türke« – Gustavs Vater also – »brauchte seine ganze Selbstbeherrschung, um nicht laut herauszuschreien: Bleib, wo du bist!«

Darauf folgt eine längere Beschreibung, die das Näherkommen des Pastors zum Inhalt hat, und dann sagt der Türke: »So eilig?«

Darauf sagt der Pastor, daß er etwas über den Bürgermeister wisse.

Mittlerweile ist Gustav immer mehr unter den Einfluß der Frau geraten, die ihm nun erzählt, daß der Pastor zum Türken gegangen sei, um ihm Schwierigkeiten zu machen.

In seiner Verwirrung läßt Gustav, der Bürgermeister also, den Staatsstreich ausrufen, er setzt den Pastor ab und erklärt den Türken zum offiziellen Gegenpapst. Er befindet sich nun auf dem Höhepunkt seiner Macht und heiratet seine Mutter.

Die folgenden Sätze geben die Gedanken seines Vaters wieder:

»So etwas dürfte es eigentlich nicht geben … Doch vielleicht trage auch ich Schuld an dieser Entwicklung … Ich war Gustav gegenüber oft zu weich, dann wieder zu hart, und nun ist es passiert.«

Doch Gustav und seine Mutter erkennen bald, daß sie nicht zueinander passen. Sie trennen sich nach einer längeren Aussprache, die das geplante Werk vorerst beendet:

»›Wenn ich neben dir saß, war mir immer so, als säße ich neben einer anderen‹, sagte Gustav und vermied es, seine Mutter anzuschauen.

›Wir hätten uns halten sollen‹, entgegnete sie, ›wir hatten nicht die Kraft dazu.‹

›Leb wohl.‹

›Leb wohl.‹«

Ein folgender Band soll den Aufstieg Gustavs zu einem der bedeutendsten Männer seiner Zeit schildern, ein dritter seine Kanonisierung. Ich danke Ihnen für Ihre Aufmerksamkeit.

Die Fallstudie

Der Fall Binder

Schauplatz: eine Knäckebrotmine in Schleswig-Holstein. Eine kleine Mannschaft arbeitet dort, die dem harten Schoß der Mutter Erde Tag für Tag den begehrten Knäcke abgewinnt: Herbert, Paul, Jupp und Georg. Vier Herzen, die anscheinend nur einen Gedanken kennen: KNÄCKE! Doch der Eindruck täuscht. Denn in Wirklichkeit sind sie nur hinter einem her. Genauer gesagt: hinter einer, Frl. Binder von der Lohnbuchhaltung. Eine Frau, wie sie im Buch steht, und zwar in ... na ... die ›Buddenbrooks‹ waren es jedenfalls nicht. Egal. Ein Teufelsweib, dieses Frl. Binder. Allen vieren hat es den Kopf verdreht, alle vier haben nur einen Wunsch, wenn sie auf der 800-Meter-Sohle in den steinharten Knäcke hacken: Fräu – lein – Bin – der, Fräu – lein – Bin – der! So kann es nicht weitergehen. Wie aber dann? Unerwartet. Ein junger, gutaussehender Lohnbuchhalter wird eingestellt, Schultern wie ein Abschleppseil, Hüften wie die B 42. Und intelligent! Ein so schwieriges Wort wie »Rilke« kann er mit geschlossenen Augen rückwärts buchstabieren. Dabei eine Seele von Mensch. Keiner Fliege kann er etwas zuleide tun. Doch das Frl. Binder ist keine Fliege. So kommt es, wie es kommen muß: Eines Abends, als Herbert, Paul, Jupp und Georg an der Lohnbuchhaltung vorbeischlendern, sehen sie, wie in dem hell erleuchteten Büroraum der Lohnbuchhalter in die Lohnbuchhalterin eindringt. Und da reift in ihnen ein teuflischer Plan. Sie locken den Lohnbuchhalter unter einem nichtigen Vorwand aus der Lohnbuchhalterin, das dauert zwar seine Zeit, aber schließlich kommt er raus, etwas weich in den Knien, ist ja verständlich – und wenn jemand dafür Verständnis hatte, dann Herbert, Paul, Jupp und Georg (d. h. Jupp verstand es erst drei Jahre später auf dem Sterbebett, und das wiederum versteht nur der ganz, der sich jemals mit Frl. Susi Sterbe, ja, der kleinen, drallen aus Berlin-Britz, eingelassen hat – aber worum ging es denn überhaupt?) – der Lohnbuchhalter kommt also raus, fährt sich verlegen durch die Schamhaare und fragt: »Ist was?«

Die vier schweigen verdutzt. Alles hatten sie erwartet, nur nicht diese Frage. »Was soll schon sein?« brummt Herbert schließlich. »Nicht daß ich wüßte«, druckst Paul. »Wie kommen Sie denn darauf?« meint Jupp, und Georg zischt, daß er »diese Fragerei, diese überfallartige« satt habe, was ihn beträfe, er werde jetzt noch im »Solber-Eck« einen sicherstellen. Die anderen schließen sich ihm an, und beim 15. Klaren erwachen ihre Lebensgeister wieder: Nach kurzer Beratung zogen sie los, kauften sich gefälschte Fahrkarten, färbten sich die Schuhe, rasierten die Waden und fuhren, auf diese Weise unkenntlich gemacht, schnurstracks in die große Stadt Berlin und zündeten dort den Funkturm an.

Die Fliegergeschichte

Abschuß Nr. 62

»Die Engländer kommen!« hatte Brummel geschrieen, und der Geschwaderkommandant hatte nach oben geschaut.

»Sopwith-Camel«, hatte er lakonisch gesagt. »Mindestens 700 Stück ...« Und dann waren sie zu den startklaren Maschinen gerannt: Möbitz, Köhlemann und Winter. Drei gegen 700, aber es mußte sein. War ja 1. Weltkrieg.

Möbitz kam als erster hoch, jagte seine Focker D 7 dem brummenden Schwarm entgegen. Wie schwarze Rucksäcke sahen sie jetzt aus, doch Möbitz wußte, daß er noch näher rankommen mußte. Zog seine Maschine in einem steilen Turn nach rechts und war endlich über ihnen. Kam nun direkt aus der Sonne auf sie runter und hielt auf die Leitmaschine zu. Und jetzt erst roch der englische Pilot den Braten, versuchte wegzutauchen, doch Möbitz' MG hatte schon zu reden begonnen. Und da drehte sich der Tommy um ... Das durfte doch nicht wahr sein! Dieses Gesicht kannte Möbitz doch! Diese feinen, grauen Augen, diesen schmalen, sinnenden Mund ... »Mutter!« schrie er, doch die Sopwith-Camel schmierte schon ab, trudelte immer weiter runter und zerbarst tief unten als kaum erkennbarer roter Punkt.

Zehn Minuten später ist der Spuk vorbei. »Habe gesehen, wie Sie die Sopwith runtergeholt haben«, sagt der Geschwaderkommandant im Vorbeigehen, »dolle Sache das!« Doch Möbitz' Gedanken sind woanders ... Sollte er wirklich ...?

Und rasch kommt die schreckliche Gewißheit. Sein Adjutant bringt ihm die Papiere, die man in der zerstörten Sopwith gefunden hat. Sie sind auf Magda Möbitz ausgestellt. Magda Möbitz ... Und ein Brief war da noch gewesen, angefangen, aber nicht zuende geschrieben: »Lieber Dieter, krieg keinen Schreck, ich fliege jetzt für die Engländer. Wir sind hier ein sehr netter Haufen, und ich habe bereits viel Spaß an der Kampffliegerei gefunden. Mein Junge, trägst Du auch die Wollsocken regelmäßig, die ich Dir ...«

»Scheißkrieg«, denkt Möbitz, doch dann schluckt er die Tränen herunter. »Sie oder ich!«

Und eine Viertelstunde später steigt er schon wieder auf. Dem 63sten Abschuß entgegen ...

Die Reiseerzählung

Durch Bella Italia mit der – – Nuckelpinne

»Na, Alte, was hältst du von einer Spritztour durch Bella Italia?«

Dieser Ruf erschallte eines schönen Frühlingsmorgens durch das schmucke Schwarzwaldhäuschen, als dessen Besitzer jeder in Kniedorf Gerhard Wohlgemut benannt hätte.

Und kein anderer hatte auch diese Worte geäußert, die nun eine von ihm zweifellos beabsichtigte Wirkung zeitigten. Denn hast du nicht gesehen, öffnete sich die Küchentür, und die so summarisch als »Alte« angeredete – in Wirklichkeit eine prächtige Frau von etwa 35 Jahren – trat auf den Flur.

Marie, so war ihr Name im Paß vermerkt, und als Nachnamen konnte man dort einen Namen lesen, der uns nun schon vertraut ist, den Namen Wohlgemut.

»Gerhard, ist das dein Ernst?«

»Klar. Schau mal, was da draußen steht.«

»Ein Auto! Wie kommt denn das hierher?«

»Von selbst bestimmt nicht!«

»Du hast es gekauft?!«

In Maries Stimme lag ein Jauchzen.

»Hat es schon einen Namen?«

»Klar«, brummte Gerhard und zwinkerte verräterisch mit den Augen. »Nuckelpinne.«

»Nuckelpinne, wie hübsch. Und wann soll's losgehen?«

»Wenn du willst, sofort.«

»Ach Gerhard, wie herrlich!«

Zwei Stunden, nachdem dieses Gespräch stattgefunden hatte, lag das Reisegepäck wohlverstaut im Kofferraum, und auf den beiden vorderen Plätzen befanden sich die beiden Personen, die wir nun schon kennen und die sicher nichts dagegen haben werden, wenn wir sie ab jetzt ganz einfach mit ihren Vornamen anreden.

Hinter dem Steuer saß – wie könnte es anders sein – der stolze Besitzer Gerhard. Neben ihm hockte Frau Marie und strahlte aus allen Knopflöchern. Und ab ging's.

Zuerst mit Karacho durch das verschlafene Schwarzwaldstädtchen, dessen Bewohner nicht schlecht staunten, als sie das seltsame Gefährt daherrauschen sahen.

»Na Alte, was sagst du zu unserer Nuckelpinne? Unser fahrbarer Untersatz hat einen ganz schönen Zack drauf – wie?«

»Fahr nicht so schnell, Gerhard.«

Unter solchen Gesprächen verging die Zeit bis Trient.

»Trento«, stellte Gerhard fest. »Trient ist wohl zu schwer für die Spaghettifresser. Na, hier werden wir, schätze ich, mal ausgiebig an der Matratze horchen. Schau mal links der Campanile. Also bauen können sie!«

Ein Hotel zu einem annehmbaren Preis war schnell gefunden, der Wirt geleitete die Gäste persönlich in das Zimmer, wo Gerhards Interesse rasch von dem Doppelbett gefesselt wurde. Vor den Augen des erstaunten Wirtes ließ er sich auf die Bettstatt plumpsen und stand mit verdüsterter Miene wieder auf.

»Das quietscht ja. Das Bett – il letto, capisci?«

Der Wirt zuckte mit den Achseln, offenbar gingen diese Worte nicht in seinen braunen Schädel.

»Das quietscht. Fa quietschi, quietschi. Niente capito? Kommen Sie mal. Horchen Sie mal. Hier. Macht quietsch, quietsch. Il letto quietsche. Claro?«

Nun wollte der Wirt unter Zuhilfenahme aller Extremitäten irgendwelche Beschwichtigungsversuche vorbringen, doch Gerhard stoppte seinen Redeschwall. »Für das Geld, was das hier kostet, kann man auch ein Bett erwarten, das einen ruhigen Schlaf garantiert. Garantia – capito? Bene schlafen. Voglio bene schlafen senza quietsch, quietsch. Ich zehn Stunden im Auto, sempre wrumm, wrumm, nun ich müde. Ich schlafen. Ohne quietsch, quietsch. Va bene?«

Doch unser armer Italiano schien nichts zu begreifen.

Dann schließlich ging ein Leuchten über sein Gesicht,

und er verschwand eilig auf dem Flur, freilich nur, um zwei weitere Kissen hereinzutragen.

Am nächsten Morgen, nach so, so verbrachter Nacht, gab dieser Vorfall unseren beiden Helden noch Anlaß zu einem scherzhaften Wortwechsel.

»Irgend jemand mußte es dem Wirt ja einmal sagen.«

»Du hast dich absolut richtig verhalten, Gerhard.«

Hinter Trient veränderte sich die Landschaft ziemlich rasch.

»Weniger Hügel, mehr Flachland, das muß ich mir merken«, sagte Gerhard, während der Marie fast die Augen aus dem Kopf fielen.

»Guck mal, da geht wieder so ein Mann mit einem Korb unter dem Arm.«

»Ging da schon mal einer?«

»Ja, vorhin. Hast du ihn nicht gesehen?«

»Nein, ich war zu sehr von dem Säulengang gefesselt.«

»Den hab ich nun wieder nicht gesehen.«

»Solltest du aber. Anstatt Männern nachzuschauen.«

»Gerhard, du weißt doch, wie es gemeint war!«

»Klar. Sollte auch nur ein Scherz sein.«

Bis Florenz ging alles gut. Dann tauchte in der Ferne die Domkuppel auf.

»Scheint il duomo zu sein«, bemerkte Gerhard mit Kennerblick. »Brunelleschis Meisterwerk. Roter, als ich dachte.«

Marie war ganz Ohr, als sich die Nuckelpinne ihren Weg durch das Verkehrschaos der Stadt am Arno bahnte und Gerhard seine Erläuterungen abgab.

»Jetzt muß gleich der Palazzo Vecchio kommen. Da hat früher der Stadtrat getagt. Was war denn das da links?«

Der erste Vormittag gehörte ganz und gar den Uffizien. Die Meisterwerke der Malerei wurden ausgiebig begutachtet, und dann war eine kleine Stärkung fällig.

»Voglio un poco mangiare«, bedeutete Gerhard dem dienstbaren Geist der Trattoria, der bald, mit einer Speisekarte bewaffnet, wiederauftauchte.

»Na, was gibt's denn hier Gutes?« mit diesen Worten vertiefte er sich in la carta. »Also da kenn sich einer aus. Alles so ein Brutta con Tutta und Cotschelone alla Panna-Zeug. Was nimmst du? Ich nehme Spaghetti.«

Da wollte Marie nicht nachstehen. »Was ist denn das hier?«

Der Kellner klaubte seine zugestandenermaßen etwas armseligen Deutschkenntnisse zusammen und erklärte:

»Eine schöne Fleisch von Huhn mit Reis.«

»Eine schöne Fleisch – der gefällt mir!« sprang Gerhard hilfreich ein. »Der meint wahrscheinlich schönes Hühnerfleisch. Würde ich nehmen. Und dazu« – nun wieder zum Kellner gewandt – »und dazu eine Fanta. Habt ihr nicht? Dann vino rosso.«

Ziemlich belämmert zog der cameriere ab, doch nach stattgehabter Atzung waren die beiden Reisenden wieder ganz obenauf und schauten sich Santa Croce an.

»Komm mal hier rüber, so siehst du die Giottos am besten.«

»Ja, jetzt sehe ich sie auch.«

»Ganz schön schmissig, was?«

Der Toskana waren zwei weitere Tage gewidmet.

»O sole mio«, mit diesen Worten steuerte Gerhard die wackere Nuckelpinne weiter südwärts. Eines Tages wachten unsere Reisenden in Amalfi auf, und Gerhard plierte mißtrauisch durch die Jalousie. »Niente sole«, stellte er ärgerlich fest. Dazu kam, daß die Pinunzen langsam knapp wurden.

»Aber Rom war doch schön.«

»Da schien auch noch die Sonne.«

»Das stimmt.«

»Na, juckeln wir mal gemächlich die Küstenstraße runter. Die Sonne wird schon wieder scheinen.«

In der Tat, bald lugte sie wieder hinter den Wolken hervor, und schnell stieg das Stimmungsbarometer unserer beiden Italienfahrer wieder auf Markierung »Prima«.

Vor einer Kurve trat Gerhard plötzlich auf die Bremse und lenkte die Nuckelpinne auf einen Rastplatz. »Mal ein bißchen lucki, lucki machen«, erklärte er seiner besseren Hälfte und schaute die Steilküste runter. Mit einem italienischen Herrn, der dasselbe tat, kam er ins Gespräch.

»Das da unten nennen wir in Germania eine Haarnadelkurve.«

Doch der Italiener schien immerzu Bahnhof zu verstehen.

»Haarnadelkurve«, erklärte Gerhard mit Nachdruck.

»Curva, si, si.«

»Niente curva. Haarnadelkurva!«

Der Italiener begriff immer noch nicht.

»Passen Sie auf. Curva – si?«

»Si.«

»Bene. Und questa Kurva e una Haarnadelkurva. Capito?«

Der Italiener schüttelte den Kopf.

»Haarnadel – capisce Haarnadel?«

Nein, er begriff nichts.

»Haarnadel – come si dice? Hier, ecco –« Gerhard deutete auf seinen Kopf. »Das sind Haare. Hair. Hier oben. Und nun … le donne, Frau – capito? Le donne haben langes Haar … questa cosa longa – und dafür Nadeln … Haarnadeln – capisce? Nadeln per hier oben – claro?«

Der Italiener guckte immer noch wie nicht gescheit.

»Paß mal auf. Nadeln – ja? Si qualque cosa e kaputto, ja? Dann sie prende una Nadel per fare bene …« Gerhard machte die Bewegung des Nähens, »Nadel – capito? Questa e una Nadel. Und una Nadel per hier oben e una Haarnadel und questa Kurva e una Haarnadelkurva. Con la forma di una Haarnadel – capito?«

»Gerhard laß doch, der begreift's nicht.«

»Ich glaub's beinahe auch. Na, macht nichts. Tschau!«

Wieder im Wagen, konnte er sich jedoch längere Zeit nicht beruhigen.

»Er hätte es doch wirklich begreifen können, der Italiano!«

»Es ging vielleicht über seinen horizonto«, meinte Marie begütigend und brachte so den Göttergatten wieder zum Schmunzeln.

Trotzdem hätte die in Maries Worten enthaltene Mahnung Gerhard vorsichtiger werden lassen müssen, aber in Riccione stach ihn der Haber noch einmal. Und dabei hätte es beinahe Ärger gegeben.

»Mit Ihnen würde ich gerne ein Nümmerchen schieben«, bedeutete er einer Kellnerin, die verlegen die Achseln zuckte.

»Also Nummer …«, versuchte Gerhard zu erklären.

»Numero?«

»Ja, bene, numera. Ich – ego – io – ja?«

Das schöne Kind nickte und bemühte sich augenschein-
lich, hinter den Sinn von Gerhards Worten zu kommen.

»Io Nümmerchen – una piccola numera, io una piccola
numera con te – capito?«

Das hörte Marie ja nicht so gern: »Gerhard, laß das
doch!«

Doch Gerhard wollte nun mal keine Ruhe geben: »Guck
lieber nach, was ›schieben‹ heißt.«

»Das kannst du dir selber raussuchen«, stieß Marie wü-
tend hervor, schmiß Gerhard das Wörterbuch auf den
Tisch und wollte gerade die beleidigte Leberwurst spielen,
als Gerhard ihr durch ein Zwinkern bedeutete, daß er nur
Spaß machte.

»Also wir piccola numera schieben, wir insieme – si?«

»Sieben?« fragte die Kellnerin und provozierte unge-
wollt eine nur mühsam unterdrückte Heiterkeit bei unseren Freunden.

»Nicht sieben. Sieben e sette. Schieben. Wir Nümmerchen schieben – ja?«

»Nümmerschen?«

»Una piccola numera solo wir zwei Hübschen – capito?«

Aber die Brave begriff immer noch nicht, und schließlich
ließ es Gerhard des grausamen Spiels genug sein. Die Kellnerin ging, und endlich konnte Marie ihrem angestauten
Gelächter freien Lauf lassen.

Noch im Hotelzimmer wollte sie sich nicht beruhigen:
»Nümmerschen sieben – also wie sie das gesagt hat!«

Doch auch die schönsten Ferien gehen einmal zuende.
Unerbittlich flatterte Kalenderblatt auf Kalenderblatt zu
Boden, bis es auf einmal Abschiednehmen hieß.

»Schön war's in Italia, doch schön ist auch Germania«,

sang Gerhard über das Lenkrad der unverwüstlichen Nuckelpinne gebeugt, und Marie summte den Refrain verson-
nen mit.

»Es waren doch trotz allem herrliche Tage, wie?«

»Ganz herrliche Tage.«

Und dann tauchten plötzlich zwei Schilder auf. »Bundesrepublik Deutschland« stand auf dem einen, »Freistaat Bayern« auf dem anderen.

»Man« war wieder zu Hause: Gerhard, Marie und – nicht
zu vergessen – die brave Nuckelpinne, die die ganzen drei
Wochen wirklich ausgesprochen gut überstanden hatte.

»Buon giorno, Germania!« rief unser Italienfahrer über-
mütig aus.

Und war es mehr als nur ein Zufall, daß ihm das erste
»Grüß Gott« seit drei Wochen – es war der Zöllner, der es
aussprach – wie Musik in den Ohren klang?

Der Fortsetzungsroman

Volk ohne Öl

WAS BISHER GESCHAH: *Wir schreiben das Jahr 1980. Der
Aufruf der CDU-Politiker Dregger und Wörner, Deutschland müsse sich notfalls mit der Waffe für seine Öl-Interes-
sen am Persischen Golf einsetzen, zeitigt Folgen. Rund um
Schulenburg, einen Ritterkreuzträger aus dem 2. Weltkrieg,
hat sich das Freikorps Wörner geschart, sieben Männer, die
auf eigene Faust von Fulda aus aufgebrochen sind, um dem
deutschen Volk wenigstens eine der lebenswichtigen Öl-
quellen zu erobern. Ihr Ziel sind die Ölfelder von Sham an*

der Straße von Hormuz. Um zum Golf zu gelangen, müssen sie die von Nomaden wimmelnde Wüste von Jiwa durchqueren...

Wir hatten bereits zur Nachtzeit die Zelte abgebrochen und die Kamele gesattelt.

»Dürfte verdammt heiß werden heute«, hatte Schulenburg in seiner knappen Art gesagt, und dann waren wir losgeritten: der grüblerische Roenninghoff, Merkel, der ehemalige Pazifist, der Berliner Sprüchereißer Gnitschke, die unzertrennlichen Brüder Meyer, Meyer Eins und Meyer Zwo, wie Gnitschke sie zu titulieren pflegte, Schulenburg und ich. Und noch ein achter war da, Omar, das arabische Faktotum, dessen durch diverse Lücken verzierte Zahnreihen nun im Licht des untergehenden Mondes schimmerten, als er sein unvermeidliches, bewunderndes »Deutsch gutt« ausrief. Seit Roenninghoff ihm vor zwei Wochen in der Oase Ahwab einen vereiterten Dorn aus dem verlängerten Rücken gezogen und ihm einen der von den Arabern so sehnlichst begehrten Bubble-Gums geschenkt hatte, war der braune Geselle nicht mehr von seiner Seite gewichen, und Roenninghoff hatte ihn gewähren lassen.

Und jetzt ritten wir wieder. Ritten, wie wir es schon seit Wochen getan hatten. Oder waren es bereits Monate? »Fulda!« dachte ich, und für einen Moment huschte eine Erinnerung durch mein Hirn ... Wie uns der Oberbürgermeister Dregger während einer geheimgehaltenen Weihnachtsfeier die Hand gedrückt und wie Wörner jedem von uns einen geweihten Ölkanister um den Hals gehängt hatte ... »Was immer ihr tun müßt«, hatte er noch gesagt, »denkt daran, daß ihr es für Deutschland tut.« Deutschland! Aber für welches Deutschland ritten und litten wir hier? Für das Deutschland der Entspannungsphantasten und Alternativ-Energieler etwa? Für jenes Deutschland, das nichts von uns wissen durfte und wollte? Lohnte es sich dafür überhaupt ...

»Na, Gernhardt – leiden Sie mal wieder unter ideologischen Bauchschmerzen?«

Schulenburgs spöttische Stimme riß mich aus meinen Grübeleien.

»Schätze, wir kriegen Besuch ...«, fügte er überraschend ernst hinzu und zeigte auf eine Staubwolke, die nun rasch näherkam.

»Sieht wie Nomaden aus«, bemerkte Roenninghoff.

»Nomädchen wären mir lieber«, frotzelte der unverwüstliche Gnitschke.

»Scheinen in friedlicher Absicht zu kommen«, riefen Meyer Eins und Meyer Zwo wie aus einem Munde, und schon wollte ich die obligaten Bubble-Gums aus der Geschenktasche holen, als sich Schulenburgs Augen plötzlich verengten.

»Absitzen!« schrie er gepreßt und »Feuer frei!«

Und dann geht alles sehr schnell. Unsere MGs beginnen zu reden, mitten in das »Salaam« des Nomadenführers hinein. Sein Burnus ist auf einmal eine rote, blutige Masse, unendlich langsam, so kommt es mir vor, gleitet er vom Sattel seines Reitkamels, dann fällt er wimmernd in den Wüstensand, umgeben von sich hastig ergebenden Nomaden.

»Schulenburg!« schreie ich. »Sie kamen als Freunde – warum ...«

Doch Schulenburg ist bereits über dem stöhnenden Anführer. Reißt seinen Bart ab. Ein Milchgesicht kommt zum Vorschein. Reißt seinen Burnus auf. Zwei Brüste quellen hervor. Wischt ihm wie rasend die braune Schminke vom Gesicht. Kalmückenhaft geschlitzte, brechende Augen blicken uns an.

»Politkommissarin Traptzşeva«, sagt Schulenburg hart. »Kenne sie noch von Minsk her, als sie unsere braven Ukrainer gegen uns aufwiegelte. Traf sie dann an der FU wieder, wo sie unter dem falschen Namen Rabehl die Anti-Vietnam-Demonstrationen organisierte. Wußte, daß sie seit geraumer Zeit im Mittleren Osten die Araber gegen unsere Energieversorgung aufhetzen sollte ...« Er pfeift durch die Zähne. »Und schauen Sie sich mal diese niedliche Empfangsüberraschung an!« Er deutet auf die Handgranate, die die Liegende noch fest umklammert hält. »Sie oder wir!« Er wendet sich kalt ab.

Und auf einmal schnattern die Nomaden alle aufgeregt durcheinander ... Der seltsame »Anführer« habe sich bei ihnen vor zwei Wochen als Mullah vorgestellt, der sie im Auftrage des Ayatollah Khomeini in den heiligen Krieg gegen die »Alemannis« führen sollte ... Sie seien ihm blindlings gefolgt ...

»Ayatollah Khomeini!« Schulenburg lacht knapp auf. »Ihr meint wohl Alexejewitsch Kominski – wie sein richtiger Name lautet. Hatte bereits die Ehre mit ihm, als er noch Folterchef im berüchtigten Tscheka-Gefängnis ...« Doch da verstummt er abrupt, wirft einen letzten Blick auf den Leichnam, und plötzlich sehe ich, wie eine Träne sich zögernd auf seine gebräunte Haut hinaustastet.

»Aufgesessen!« schreit er gepreßt.

Und wir reiten weiter.

Am Abend kampieren wir bereits am Persischen Golf.

Merkel hatte das Meer als erster gesehen. »Da!« hatte er geschrien, »Wou? Wou?« hatten Meyer Eins und Meyer Zwo, die unverbesserlichen Ostfriesen, gebrüllt, und »Bellt hier nicht so rum!« hatte Gnitschke dröhnend gelacht. Doch nun waren die Zelte aufgeschlagen, über einem munteren Feuerchen verbreitete ein Kessel Erbsensuppe heimatliche Düfte, und langsam versammelte sich das Freikorps Wörner in Erwartung des Abendessens um die mit Recht so geschätzte Atzung. Nur Schulenburg fehlte. Saß wohl noch über seinen Aufmarschplänen.

»Wat denn, wat denn – wir sind doch hier nicht bei der Firma Drängelmann und Söhne!« Das war Gnitschke, dem traditionsgemäß die Suppenausgabe oblag. »Is doch für jeden wat da!«

Und bald hatte denn auch jeder sein randvoll gefülltes Kochgeschirr vor sich. Wir aßen schweigend und blickten nur kurz auf, wenn Gnitschke sein obligates »Jéfräßige Stille« und Omar sein näselndes »Deutsch gutt« ausstieß.

Und dann starrten wir noch eine Weile sinnend in das Feuer. »Zu Hause feiern sie jetzt Ostern …«, sagte Roenninghoff nachdenklich, und auf einmal griff Meyer Zwo zu seiner Mundharmonika. »Es ist ein Has' entsprungen …«, sehnsüchtig klang das alte deutsche Osterlied über den dunklen Persischen Golf, und nach und nach fielen wir alle ein: »… aus einer Wurzel zart …«

Doch dann war, wie eine Erscheinung, Schulenburgs schmale Gestalt aus der Dunkelheit in unseren Kreis getreten.

»In die Schlafsäcke, Leute! Morgen wird ein heißer Tag! Gnitschke und Gernhardt beginnen mit der Zeltwache, die Ablösung erfolgt wie gewohnt. Gute Nacht!«

Gnitschke hatte es sich auf seinem Rucksack bequem gemacht, ich stand gegen den Stamm einer Palme gelehnt.

»Du, Gernhardt ...«

»Ja?«

»Manchmal frage ich mich ...«

Ich ahnte die Frage, die kommen würde. Hatte sie mir ja selbst oft genug gestellt in den letzten Wochen ...

»... is det nich doch ein Wahnsinn, wat wir hier machen? Öl! Öl! Jibt et denn nischt Wichtijeres als Öl?«

Ich versuchte meine Stimme fest erscheinen zu lassen.

»Schau, Gnitschke – eine Volkswirtschaft ist wie der menschliche Körper. Und so ein Körper braucht Luft ...«

»Braucht er, klar!« bestätigte Gnitschke.

»... und wenn dir nun einer die Hände um die Kehle legt, um dir die Luft abzudrehen ...«

»Mann – der Kerl, der könnte wat erleben!« polterte es aus Gnitschke, »dem würd' ick ...«

»Öl«, fahre ich fort, »ist die Luft unserer Volkswirtschaft. Deshalb sind wir hier. Damit Deutschland atmen kann. Und Deutschland muß atmen können, Deutschland ist ...«, ich suche nach einfachen Worten, doch zu meiner Überraschung fällt mir Gnitschke ins Wort, Gnitschke, der Unstudierte, Gnitschke, das Berliner Schandmaul: »Deutschland is die Lunge det freien Westens. Und wenn die nich mehr funzionalisiert – oder wie det heißt, der olle Gnitschke kennt sich da nich so aus – denn ...« Und er macht die Bewegung des Halsabschneidens.

Ich nicke und drücke ihm die Hand.

»Aba«, fährt er fort, »warum wissen det nur so wenije? Warum sind wa hier nur sieben und nicht siebzigtausend Mann? Warum schweigt die Heimat – außer Dregger, Wörner und ein paar anderen Durchblickern? Warum ...«

Ein Geräusch läßt uns herumfahren. Hinter uns steht Schulenburg. »Schlaf dich mal aus, Gnitschke. Ich übernehme deine Wache.«

»Aba ...«

»Nichts aber! Bist ein feiner Kerl, Gnitschke! Und nun hau dich in die Falle!«

»Ja, wenn det ein Befehl is ...«

»Ist ein Befehl!«

Und Gnitschke zieht ab. Schmunzelnd schauen wir ihm nach.

Wir hatten schon eine Weile schweigend nebeneinander gestanden, als Schulenburg plötzlich zu reden begann:

»Scheiß Ölkrieg!«

Überrascht blicke ich ihn an. Habe ich richtig gehört?

»Scheiß Ölkrieg, werden sie in der Heimat sagen und uns fallen lassen wie eine heiße Kartoffel, falls irgendwas schiefgeht, die Herren Politiker. Mit dem Völkerrecht werden sie uns kommen. Uns der Aggression gegen die Araber beschuldigen. Als ob die Araber ein Volk wären! Es sind prächtige Kerle – aber wie Kinder. Geben Sie dem Araber eine Handvoll Kamelmist und einen Bubble-Gum, und er wird den Tag selig kauend unter einer Palme verbringen: Mañana – Gott will es so. Öl? Der Araber braucht kein Öl. Der weiß nicht, was das heißt: Heizölkosten. Benzinpreise. Zuwachsraten. Nein – wir kämpfen hier nicht gegen die Araber. Wir kämpfen hier gegen den, gegen den wir uns schon immer zur Wehr setzen mußten. Den, der uns 1940 den Zutritt zu den Ölfeldern von Baku verwehren

86

wollte, den, der uns 1945 die schlesischen Kohlegruben raubte, den ...«

»... ewigen Russen«, will ich ergänzen, doch Schulenburg fällt mir ins Wort:

»Gernhardt, wissen Sie eigentlich, warum Merkel bei uns mitmacht? Er hat es mir mal erzählt: Es war 1976, an einem dieser verkehrsfreien Sonntage. Merkel lebte damals noch mit seiner alten, schwachen Mutter zusammen. Und die bat ihn, ihr eine Flasche Bier vom Kiosk an der Ecke zu holen, sie verdurste sonst glatt. Merkel wirft sich also in seinen Wagen, will zum Kiosk – doch er kommt nicht weit. Polizei hält ihn auf – Fahren ohne Sondergenehmigung. Na, und bis Merkel all diese Formalitäten hinter sich hat, bis er mit der Flasche Bier ins Zimmer seiner Mutter stürmt, da ...« Er schluckt. »... da ist die alte Frau glatt verdurstet. Verdurstet, bloß weil am Persischen Golf irgendwo ein von Russen aufgehetzter Ölscheich uns den Ölhahn abgedreht hat ... Ja – so wurde aus dem Pazifisten Merkel ...«

»... ein ölbewußter Deutscher!« ergänze ich, und Schulenburg nickt.

In Gedanken verloren schauen wir über die Bucht, und plötzlich erblicke ich sie: winzig kleine Lichtpunkte am anderen Ufer.

»Die Ölfelder von Sham«, sagt Schulenburg, der meinem Blick gefolgt ist. »Morgen geht's ran. Ich hab' es den anderen verschwiegen. Sollten nochmal eine ruhige Nacht haben. Gilt übrigens auch für Sie, Gernhardt. Schlafen Sie – ich übernehme Ihre Wache!«

Sein Ton ist so bestimmt, daß ich keinen Protest wage. Zögernd wende ich mich zum Gehen, doch dann stelle ich sie noch, die Frage, die mich den ganzen Tag gequält hat ...

»Schulenburg …«

»Ja?«

»Wieso haben Sie den vermeintlichen Nomadenführer eigentlich so ohne weiteres als Politkommissarin erkannt? Ich meine …«

Ich verstumme, und als Schulenburg antwortet, ist seine Stimme rauh.

»Gernhardt – wenn Sie mal älter sind, werden Sie es auch erfahren: Ein Mann wird eine Frau, die er einmal geliebt hat, überall und immer wiedererkennen können – in jeder Verkleidung dieser Welt. Doch nun gehen Sie endlich« – er stöhnt es fast – »schlafen Sie sich aus, Menschenskind! Deutschland braucht Öl, und wir erörtern hier Weibergeschichten!«

»Ja«, denke ich, als ich auf das Zelt zugehe, »Deutschland braucht Öl. Und morgen … Was mag der morgige Tag bringen?«

In der Ferne bellte ein Schakal, und alles Leid der Welt schien in diesem Bellen zu liegen …

(Wird fortgesetzt.)

Die Autobiographie

Die Prominenten und ich

Wenn ich die Berühmtheiten meiner Tage Revue passieren lasse, erstaunt es mich immer wieder, daß nur relativ wenige meinen Lebensweg gekreuzt haben. Ob das damit zusammenhing, daß sie nur selten ausgerechnet dort waren, wo ich mich gerade aufhielt? Willy Brandt beispielsweise habe ich nie getroffen, obwohl wir jahrelang in derselben Stadt, Berlin, wohnten. Das war zwischen 1958 und 1964. Es kann für Brandt nicht immer einfach gewesen sein, mir dauernd aus dem Weg zu gehen. Damals war Berlin ja noch eine hochlebendige Stadt, auch ich war viel unterwegs, tauchte überraschend in der FU, dann wieder in der Hochschule für Bildende Künste auf, besuchte ohne Voranmeldung das Café am Steinplatz, war eine halbe Stunde später in den S-Bahnstuben am Savignyplatz oder bei Leidicke. Irgendwie hat es Brandt jedoch immer geschafft, mir auszuweichen, schließlich aber wurde es dem übrigens hochbegabten Politiker zuviel. Er siedelte nach Bonn über, wohin ich nur selten komme, und hat sich dort einen Freundeskreis aufgebaut, dessen Hauptkriterium zu sein scheint, daß sie nichts mit mir zu tun haben. Oder ist es ein Zufall, daß ich weder Heinemann, Bahr, Scheel noch Schmidt persönlich kenne?

Vielleicht. Aber daß ausgerechnet ein Mann wie Ludwig Erhard, dem ich einmal in Göttingen begegnet bin, keinen Zutritt zu diesem Kreise hat – ist auch das ein Zufall? Es muß in den frühen 50er Jahren gewesen sein, als wir uns das erste und einzige Mal sahen. An Einzelheiten kann ich mich kaum erinnern, nur so viel weiß ich, daß der gefeierte Vater des Wirtschaftswunders mich eindringlich beschwor, CDU zu wählen. Nun, der Appell mußte erfolglos bleiben, ich war ja damals noch ein blutjunger Oberschüler, vielleicht fiel die Mahnung bei den anderen Besuchern der Wahlveranstaltung auf fruchtbareren Boden. Unsere Wege trennten sich, wie es scheint, für immer.

Günter Grass dagegen begegnete ich häufiger, ja so häufig, daß ich annehmen muß, daß er mir geradezu auflauerte. Das erste Mal beispielsweise sahen wir uns mitten im Grunewald, am Teufelssee. Ich kam gerade vom Baden, und als Grass an mir vorbeiging, schoß mir der Gedanke durch den Kopf: »Da geht doch der Grass!« Dasselbe dachte ich einige Monate später, als ich zur Adventszeit lieben Besuch vom Bahnhof Zoo abholen wollte: »Da steht doch der Grass!« – und da stand er tatsächlich, wirkte trotz seines wachsenden Ruhms merkwürdig verfroren und tat so, als ob er auch jemanden erwarte. Der kaschubische Schnauzbart sollte mir noch manchesmal über den Weg laufen, ohne daß ich je erfuhr, was er eigentlich von mir wollte. Den letzten Versuch, mit seinem Anliegen rauszurücken, scheint Grass in den späten 60er Jahren gemacht zu haben, als er mir nach Frankfurt – dort lebe ich seit 1964 – nachreiste, angeblich um einen Vortrag im Cantatesaal zu halten. Ich erinnere mich dunkel, diesen Vortrag gehört zu haben, der Inhalt ist mir jedoch entfallen. Wird wohl nichts Besonderes gewesen sein.

Namen, Namen, Namen! Und wie viele sind schon verloschen! Robert Kennedy etwa, den ich vom Oberdeck des 48er Busses dabei beobachtete, wie er gerade das Berliner Amerika-Haus betrat – »jungenhaft und locker«, wie ich später den Zeitungen entnahm. Ich kann das nicht bestätigen, aber es ging auch alles sehr flink.

Oder Henry Miller, dem ich – ebenfalls im Berlin der 60er Jahre – plötzlich im Zeichenbedarfsgeschäft Spitta und Leutz gegenüberstand. Er benahm sich übrigens sehr anständig, kaufte lediglich eine Radiernadel und ging. Ich hätte ihm gerne etwas zu seinen Büchern gesagt, aber mit meinem Englisch haperte es. Heute bedaure ich meine

Zurückhaltung, Millers Bücher sind seit unserem Treffen immer lascher geworden. Schade, noch heute weiß ich nicht, was »sich am Riemen reißen« auf Englisch heißt. »To pull yourself at the …« – ja wie nun? Ewig schade. Dem alten Henry hätte ein freundschaftlicher Rüffel gutgetan.

Oder die Nobelpreisträger! Da war Werner Heisenberg, der extra in die Göttinger Felix-Klein-Oberschule kam, um mich in der Schulaufführung des Stückes ›Diener zweier Herren‹ die herrliche Figur des Pantalone spielen zu sehen. Ich weiß das, weil Heisenbergs Sohn, der in meine Klasse ging und während derselben Aufführung Geige spielte, vor der Premiere auf einen runden Herrn in einer der ersten Reihen deutete und sagte: »Mein Vater.« Da war der alte Professor Hahn, den ich laut Aussagen meiner Mutter eigentlich gesehen haben müßte, weil er in Göttingen nur einige Straßen von uns entfernt wohnte, und da war natürlich Einstein. Aber der lebte ja nun in den Staaten, und da war ich noch nie. Dafür war ich schon in Frankreich, der Heimat so bedeutender Männer wie Pascal, Voltaire, Napoleon – um nur die wichtigsten zu nennen. Doch davon ein andermal mehr. Wenn ich das Kapitel ›Meine Reisen und ich‹ beendet habe.

(1972)

Das Gedächtnisprotokoll

Die Katz ist weg

Die Gastkatze war weg. Zuerst herrschte Ratlosigkeit.

»Wie konnte das nur passieren?« »Aus dem dritten Stock!« »Und es ist nichtmal unsere Katze!« »Ich weiß, ich weiß!«

Dann ließ ich 500 Handzettel drucken: »Hohe Belohnung. Katze entlaufen: schmal, graubraun-weiß gefleckt, sehr scheu, hört auf den Namen Rosa.«

Wir plakatierten das Westend und steckten die Handzettel in alle umliegenden Briefkästen.

Leute riefen an.

»Also ich habe Ihre Katze nicht. Aber haben Sie schon mal daran gedacht, im Schrank nachzusehen?«

»Ich habe Ihren Aushang gelesen. Sie, mir ist auch mal eine Katze entlaufen. Eine Siamkatze. Auf dem Frankfurter Hauptbahnhof ist sie mir entsprungen. Sie, der Zug nach Hamburg hat eine halbe Stunde Verspätung gehabt. Ich wollte nach Kassel, ich habe dem Zugführer gesagt: ›Sie fahren mir nicht weg. Rafi sitzt unter dem Zug. Ich nenne ihn Rafi, er heißt eigentlich Raffael. Ich kratz Ihnen die Augen aus, wenn Sie losfahren!‹ Und er ist nicht losgefahren. Später fand ich Rafi, er saß in einer Blumenschale. Was ich ausgestanden habe!«

»Sie suchen doch eine Katze. Es geht mir nicht um die Belohnung.«

»Ja ...«

»Bei uns im Garten ist eine rumgestrolcht. Die kam gestern schon.«

»Wo wohnen Sie denn?«

»In Buchschlag. Das ist bei Sprendlingen. Und diese Katze –«

»Ja?«

»Wir haben einen Pudel.«

»Ja und?«

»Und der Pudel ist jetzt im Haus. Aber die Katze, die kriegt eben dahinten im Garten etwas zu fressen. Von den Nachbarn.«

»Wie sieht sie denn aus?«

»So schwarz.«

»Schwarz? Die, die ich suche, ist grau-weiß gefleckt.«

»Ja – Weiß hat die auch.«

»Und Grau?«

»Na ja … so ein Grau … So ein dunkles Grau …«

»Ich habe ein Foto der Katze vor mir. Also, die hat einen weißen Kopf, weiße Brust, weiße Beine und oben, um die Ohren – das ist schwer zu beschreiben –«

»Die Ohren sind spitz.«

»Nein, ich will sagen – oben, um die Ohren, da ist eine dunkle Zeichnung. Wie ein Madonnenscheitel, verstehn Sie?«

»Nein.«

»Das Grau geht auf beiden Seiten schräg und gleichmäßig runter.«

»Ja, ein schwarzes Näschen hat die hier auch.«

»Ein schwarzes Näschen? Das hat die, die ich suche, nämlich nicht. Die hat eine weiße Nase.«

»Also die hier, die ist auch nicht richtig schwarz.«

»Könnten Sie das nicht genau sagen? Ich komme gerne nach Buchschlag, wenn etwas Hoffnung ist, aber Buchschlag ist ja recht weit von hier und ich …«

»Hören Sie: Ich kann die Katze nicht ewig im Garten behalten!«

»Bleibt sie denn wenigstens im Garten? Damit sie nicht weg ist, wenn wir kommen …«

»Woher soll ich denn das wissen? Was heißt das: Bleibt sie im Garten? Wir haben einen großen Garten, das Tier kann überall hinlaufen. Wir können es doch nicht festhalten!«

»Verstehn Sie doch. Ich möchte nur vermeiden, daß ich den ganzen Weg umsonst mache.«

»Ja – suchen Sie das Kätzchen, oder nicht? Was soll denn das? Ich lasse mir hier wegen Ihrer Katze den Kaffee kalt werden, ich habe noch nicht gefrühstückt und –«

»Ich komme gern, aber wenn sie ein schwarzes Näschen hat –«

»Was reden Sie denn da von einem schwarzen Näschen? Sie haben das Tier doch überhaupt nicht gesehen! Und ich frage mich, ob Sie es überhaupt sehen wollen. Mir geht es nicht um die Belohnung. Mir geht es um das Tier. Um die Kreatur. Wir geben ihr schon zwei Tage zu fressen, aber hier sind scharfe Hunde, ich kann da für nichts garantieren. Aber Ihnen scheint das alles ja wohl egal zu sein. Ich muß Ihnen ehrlich sagen, so wie Sie sich verhalten, da muß ich ja annehmen, daß Ihnen Ihre Katze völlig egal ist. Warum –«

»Sie ist –«

»Warum geben Sie denn dann überhaupt eine Anzeige auf, wenn Sie Ihre Katze nicht holen wollen?«

»Sie ist mir nicht egal!«

»Und warum kommen Sie dann nicht? Erleichtern Sie Ihr Gewissen! Schauen Sie sich das Tier an!«

»Könnten wir noch einmal die Frage klären: Hat sie ein weißes oder ein schwarzes Näschen?«

»Schaun Sie sich das Tier doch an! Eben sehe ich es vom Fenster aus schon nicht mehr. Ich werde mir jetzt einen neuen Kaffee kochen müssen. Wir haben einen scharfen Pudel –«

»Gut, ich komme.«

Fast alle Anrufer waren Frauen.

»Sie haben doch die Anzeige wegen der entlaufenen Katze aufgegeben?«

»Ja.«

»Wir haben das Kätzchen. Sie können es abholen.«

»Ja? Wo wohnen Sie denn?«

»Im Grüneburgweg. Am Sonntagnachmittag hat es vor unserer Haustür gesessen, das Kätzchen. Direkt vor der Haustür.«

»Dann muß es eine andere sein. Die Katze, die ich suche, ist vom Montag auf den Dienstag entlaufen.«

»Nein. Das war am Sonntag. Wir kamen gerade vom Spaziergang, mein Mann und ich, da saß es vor der Haustür. So ein kleines Siamkätzchen.«

»Ich suche eine Hauskatze. Grau-weiß gefleckt.«

»Nein, die ist ganz braun. Ein Siamkätzchen.«

»Dann muß es eine andere Katze sein.«

»Nein, ich kenn' mich da etwas aus. Das ist ein Siamkätzchen. Braun und das Gesicht schwarz und ganz blaue Augen.«

»Die, die ich suche, ist eine Hauskatze mit auffallend gelben Augen.«

»Nein, die sind blau beim Kätzchen. Das sieht man doch. Die sitzt doch vor mir.«

»Dann muß es eine andere Katze sein, glauben Sie mir.«

»Nein, das ist keine andere Katze. Das ist ein Siam-kätzchen!«

Ich führte mehrere Dutzend solcher Gespräche. Die Katze blieb verschwunden und wurde nie wieder gefunden.

Die Humoreske

Es gibt Tage, da ist bereits beim Frühstück alles zu spät:

Kinder, Kinder!

»Hör mal, Norbert«, sagte meine Frau, »ich hätte gern ein Kind.«

»Wer hätte das nicht gern, liebe Ingrid«, erwiderte ich, ohne von der ›taz‹ aufzuschauen, »selbst ich hätte gern eines. Aber sie sind so schwer zu fangen.«

»Ich hätte gern ein Kind!« wiederholte meine Frau mit ungewohntem Nachdruck.

»Geh ins Kinderhaus«, riet ich ihr zerstreut und griff zum Bio-Yoghurt. »Wenn sich hinter diesem Namen nicht eine Schwindelfirma verbirgt, müßte es dort Kinder geben. Vielleicht haben sie eins günstig auf Lager.«

»Ich hätte gern ein Kind von dir!« sagte meine Frau ungehalten.

»Von mir?« Verblüfft ließ ich die Zeitung sinken. »Wie kommst du denn auf die Idee, ich hätte ein Kind abzugeben?«

»Wer spricht hier von abgeben?« fragte meine Frau scharf zurück. »Du sollst mir eins machen!«

»Ich?«

»Ja, du.«

»Und wie kommst du darauf?«

»Andere Männer machen ihren Frauen auch Kinder.«

»Anderen Frauen würde ich auch Kinder machen, das ist keine Kunst.«

»Und warum machst du mir keins?« fragte meine Frau.

»Na hör mal …« Scham hinderte mich für einen Moment am Weiterreden, doch dann überwand ich mich. »Wir sind doch schließlich verheiratet, falls dir das entgangen sein sollte.«

»Seit fünfzehn Jahren«, bestätigte meine Frau lächelnd. »Na und?«

Ich starrte sie fassungslos an. »Was du verlangst, ist Inzest!« brachte ich schließlich hervor.

»Ich denke, du bist ein aufgeklärter Mensch, der keine Tabus kennt?!« konterte meine Frau schnippisch.

»Kenn ich auch nicht«, erwiderte ich erregt. »Aber mit der eigenen Frau zu … zu …«

»Was?«

»Na, du weißt schon …«

»Also doch!« sagte sie höhnisch.

»Also was?« fragte ich zurück.

»Tabus!«

»Na gut, Tabus«, räumte ich ein. »Ja, Tabus! Jede Kultur ist letztlich auf Tabus aufgebaut. Selbst bei den Trobriandern …«

»Komm, komm – laß die Trobriander aus dem Spiel!«

Meine Frau hatte in den späten 60ern ein Seminar über die Trobriander mitgemacht und dieses Südseevolk seither ständig ins Feld geführt, wenn es darum gegangen war, überkommene Sexual-, Moral- und Wertvorstellungen kritisch zu hinterfragen und faktisch zu konterkarieren.

»Nein – laß mich ausreden!« ereiferte ich mich. »Zufällig habe ich gerade gestern von einem befreundeten Ethnologen erfahren, daß bei den Trobriandern auch nicht jeder mit jedem darf. Zum Beispiel ist dort der Geschlechtsverkehr zwischen Minderjährigen und ihren leiblichen Großeltern während der Zeit der Dattelernte untersagt.«

»Weiß ich«, gab meine Frau unwirsch zurück. »Während der Zeit der Dattelernte ist bei den Trobriandern alles untersagt, sogar das Dattelernten. Also was ist: Machst du mir ein Kind?«

»Ich dir?« Nervös tunkte ich die ›taz‹ in den Bio-Yoghurt. Dann kam mir eine rettende Idee:

»Und was sollen Detlev und Vera denken, wenn wir – na du weißt schon was?«

Meine Frau schaute betroffen auf: »Tja ...«

Vielleicht sollte ich hier zum besseren Verständnis einflechten, daß Vera meine Freundin ist und Detlev der Freund meiner Frau.

»Die haben doch wohl auch noch ein Wörtchen mitzureden!« hakte ich, sicherer geworden, nach. »Oder findest du es solidarisch, sie einfach zu hintergehen?«

»Nein, nein«, erwiderte meine Frau kleinlaut. »Wir müßten es natürlich thematisieren. Ob wir mal wieder ein Beziehungsgespräch ansetzen sollten. Wir vier – bei einem Fondue bourguignonne?«

»Du weißt doch, daß das nicht geht«, sagte ich kalt.

»Ja, ja, ich weiß«, seufzte meine Frau.

Seit Vera Detlev bei einem Wochenend-Encounter vorgeworfen hat, er sei unfähig, seine Aggressionen rauszulassen, gehen die beiden einander aus dem Weg, da solche Treffen regelmäßig damit enden, daß er seine Aggressionen rausläßt.

»Aber weißt du, was?« schlug sie unerwartet heiter vor, »wir könnten es ja in Einzelgesprächen versuchen. Du sprichst mit Vera, und ich spreche mit Detlev.«

»Und was soll ich Vera sagen?« wollte ich wissen.

»Daß ich ein Kind von dir will.«

»Dann wird sie auch eins wollen. Wo soll ich denn diese ganzen Kinder hernehmen?«

»Ich bin aber zuerst auf die Idee gekommen.«

»Ja sicher«, räumte ich ein. »Aber du weißt doch, in welcher schwierigen Situation Vera gerade ist.«

»Vera?«

»Na ja – dieser ganze Stress wegen dieser Beziehung mit einem verheirateten Mann …«

»Vera?« rief meine Frau mitfühlend aus. »Wie schrecklich! Mit wem denn?«

»Mit mir.«

»Ja, richtig!« Ingrid rührte nachdenklich im Fencheltee. »Vielleicht ist es besser, wenn ich mich da als Frau einbringe«, schlug sie dann vor. »Ich spreche mit Vera, während du die Sache mit Detlev problematisierst – was meinst du?«

Erleichtert stimmte ich zu, und schon tags darauf traf ich mich mit Detlev im Pflasterstrandcafé. Ohne Umschweife referierte ich den Wunsch meiner Frau, beeilte mich, da Detlevs Kiefer immer mehr herabsank, meine Bedenken nicht zu verhehlen, und schloß schließlich mit der Feststellung, daß man auch Ingrid verstehen müsse, da es in der Sexualität ja so etwas wie Perversion an sich nicht gebe, vielmehr die Beurteilung dessen, was pervers sei und was nicht, ausschließlich vom gesellschaftlichen Umfeld abhänge. »Nimm nur die Trobriander«, schloß ich eindringlich. »Da beispielsweise darf es jeder mit jedem treiben, ohne daß er deshalb irgendwelche Schuldgefühle haben muß, da die Gesellschaft –«

»Die Trobriander?« fragte Detlev verstört, »welche Trobriander denn?«

Gerade wollte ich zu einem längeren Exkurs über dieses gesegnete Südseevölkchen ansetzen – allerdings unter Auslassung der Dattelernte und der damit verbundenen Implikationen –, als Detlev plötzlich das Marmortischchen umkippte und mich finster fragte: »Sag mal – habe ich dich richtig verstanden? Du willst meine Freundin bumsen?«

»Aber nein«, entgegnete ich entsetzt. »Wie sollte ich denn jemanden bumsen wollen, den ich überhaupt nicht kenne? Was ich soeben ausgeführt habe, ist lediglich Ingrids Vorschlag, daß ich ihr ein Kind mache.«

»Ach ja?« gab Detlev höhnisch zurück. »Aber ganz ohne Bumserei und alles – was? Wie stellst du dir das denn vor, du perverse Sau?«

»Bei den Trobriandern«, begann ich halbherzig, wurde aber an der Fortführung meines Gedankenganges dadurch behindert, daß Detlev die Espresso-Maschine aus der Halterung riß und sie mir an den Kopf warf.

»Komm«, sagte ich versöhnlich, »wir wollen uns doch nicht wegen einer solchen Lappalie schlagen!«

»Wer spricht von ›wir‹?« antwortete Detlev kalt. »Ich will dich schlagen!«

Zu Boden gehend, bekam ich gerade noch mit, wie Detlev den Umstehenden erklärte, daß er es bisher noch nie gewagt habe, seine Aggressionen voll rauszulassen, jetzt aber müsse es sein, dies Schwein da wolle nicht nur seine, des Schlagenden, Freundin bumsen – Na und? riefen die Umstehenden –, sondern auch seine, des Liegenden, Frau – Gib ihm! lautete das Urteil der Menge –, dann schwanden mir die Sinne.

Vielleicht hätte ich auch mal so ein Wochenend-Encounter besuchen sollen.

Die Erzählung

Das Buch Ewald

Gott und der Teufel schauten wieder einmal auf die Erde, als Gott den Teufel plötzlich anstieß und, auf einen jungen Mann deutend, sagte: »Jetzt schau dir mal diese Ratte da an!«

»Ratte? Nu na, nu na …«, antwortete der Teufel zögernd, da er im Gehabe des jungen Mannes, welcher gerade dabei war, auf ein junges Mädchen einzureden, wenig Rattenhaftes entdecken konnte. »Der ist doch eigentlich ganz nett.«

»Nett wie so eine Ratte nur sein kann«, gab Gott höhnisch zurück. »Siehst du denn gar nicht, was der da mit dem Mädchen vorhat?«

»Hat der was vor?« fragte der Teufel verwundert und lauschte zerstreut den Worten des jungen Mannes, welche darauf hinausliefen, er würde dem Mädchen, da sie sich doch für Kunst interessiere, gar zu gern seinen jüngst in London gekauften Hockney-Band zeigen.

»Stimmt, der hat etwas vor«, sagte der Teufel schließlich, »der will dem Mädchen ein Kunstbuch zeigen.«

»Kunstbuch?!« Gott schlug sich in gespielter Verzweiflung vor die Stirn. »Sagtest du Kunstbuch?«

»Ist doch Kunst – oder?«

»Was ist Kunst?«

»Hockney.«

Gott überlegte einen Moment. War Hockney Kunst? Ein bißchen viel Schwimmbecken – oder? Doch dann fiel ihm das Portrait der Eltern ein: »Ja, ja. Kunst.«

»Na also«, sagte der Teufel.

»Also was?«

»Also alles klar – die beiden da haben irgend etwas Kunstmäßiges vor.«

Gott blies die Backen auf, dann ließ er mit einem verächtlichen Seitenblick auf den Teufel ostentativ die angestaute Luft entweichen: »Pfllpfllpfll …«

»Nichts Kunstmäßiges?« fragte der Teufel verunsichert.

Gott wollte gerade zu einer Antwort ansetzen, als zwei Engel hereinkamen und etwas Backwerk, Kaffee, Cognac sowie eine Flasche Rotwein brachten. »Da bin ich mal so frei«, sagte der Teufel, dem schon lange nach einem Schlückchen gewesen war, und griff nach dem Cognac. Gott bediente sich derweil vom Rotwein, fast schien es, als habe er den jungen Mann vergessen, als er plötzlich das angebissene Stück Kuchen sinken ließ und mit vollem Munde herausplatzte: »Bürsteln will er sie!«

»Wer? Wen?«

»Er! Sie!« Erregt blickte Gott wieder auf die Erde, während der Teufel, ohne vom Kuchen aufzuschauen, ein begütigendes »Nu na« und »Wer wird denn gleich an das Schlimmste denken« brummte.

»Da!« schrie Gott entgeistert auf. »Ja ist denn das die Möglichkeit!«

»Ist was?« Nun schaute auch der Teufel hinunter, ohne freilich den jungen Mann sogleich ausmachen zu können.

»Da!« Gott packte den Teufel am Ärmel. »Was für eine Ratte! Was für eine ausgemachte Ratte! Jetzt faßt er sie doch tatsächlich an die Dudeln!«

»Wirklich?« Der Blick des Teufels irrte ein wenig umher, dann hatte er den jungen Mann wieder im Visier. Der ging immer noch neben dem Mädchen her und wiederholte seine Bitte, sie möge sich doch seinen Hockney-Band anschauen.

»Mich so zu erschrecken!« sagte der Teufel fast schmollend. »Hat sich was mit Dudelnfassen!«

»In Gedanken hat er sie aber an die Dudeln gefaßt«, sagte Gott streng. »Und das ist genauso schlimm wie in Wirklichkeit.«

»Nu na.« Der Teufel wollte sich wieder dem Cognac zuwenden, doch dann hatte er das Gefühl, noch irgend etwas Hilfreiches sagen zu müssen, und daher sagte er: »Dudeln hin, Dudeln her!«

»Wie bitte?« fragte Gott stirnrunzelnd.

»Nun ja …«, der Teufel überlegte etwas. »Bist du denn ganz sicher, daß er sie an die Dudeln fassen wollte?«

»Wohin sollte die Ratte sie denn sonst fassen wollen?«

»Weiß ich?« Für einen Moment fühlte sich der Teufel in die Enge getrieben, doch dann schlug er erleichtert vor: »Vielleicht an den Ellenbogen?«

»Vielleicht gar an seinen eigenen?« fragte Gott spöttisch.

»Ja, ja, warum eigentlich nicht?« stimmte der Teufel zu.

»Es wäre nicht das erste Mal. Mein Knecht Hiob hat sich –«

»Mein Knecht immer noch!« unterbrach ihn Gott.

»Deiner? Auch gut.« Fast schien es, als ob der Teufel den roten Faden völlig verloren hätte, dann aber erinnerte er sich: »Der faßte sich auch immer so an den Ellbogen.«

»Wer?«

»Der Dingens. Mein – nein, dein Knecht Hiob. Erinnerst du dich nicht mehr?«

»Der?« Gott überlegte. »Ach der! Aber der hat sich doch immer an den Kopf gefaßt.«

»Wann?«

»Damals. Als du ihm diese ganzen Schicksalsschläge zugefügt hast.«

»Du immer noch«, berichtigte ihn der Teufel.

»Nein, du«, entgegnete Gott scharf.

»Aber du hast angefangen!« sagte der Teufel.

»Wir haben gemeinsam angefangen«, erinnerte sich Gott.

»Wir hatten diese Wette laufen, nach der du meinem treuen Knecht Hiob alle erdenklichen Übel zufügen durftest, um ihn zum Abfall von mir zu bewegen und –«

»Bumsti! Abgefallen ist er!« schrie der Teufel begeistert.

»Im Gegenteil!« empörte sich Gott.

»Na gut. Aufgefallen ist er«, sagte der Teufel begütigend, und bevor Gott nochmals widersprechen konnte, fügte er rasch hinzu: »Weil er doch trotz der ganzen Schicksalsschläge immer so verbissen zu dir gehalten hat. Na! Nicht verbissen«, korrigierte er sich, da Gott schon wieder aufbrausen wollte, »vertraulich! Nein, auch nicht! Jetzt hab ich's: Vertrauensvoll!«

»Ja. Vertrauensvoll!« bekräftigte Gott. »Jawohl, so einer

war er, mein Knecht Hiob – vertrauensvoll! Du hast ihm die Frauen genommen und die Töchter und die Söhne und die Herden und schließlich die Schwären, und –«

»Die Schwären habe ich ihm aber nicht genommen, sondern geschickt«, warf der Teufel ein. »Deswegen – jetzt erinnere ich mich –, deswegen hat der Hiob sich ja auch die ganze Zeit an den Ellenbogen gefaßt. Nicht gefaßt! Gekratzt hat er sich. Weil's da so gejuckt hat!«

»Gejuckt?« Mißmutig blickte Gott auf den Teufel, der sich schon wieder vom Cognac bediente, doch dann hellte sich sein Gesicht auf.

»Vertraut hat er mir!« röhrte er fröhlich. »Nix hat er mehr gehabt –«

»Außer Schwären!« gab der Teufel mit der Korrektheit des Angetrunkenen zu bedenken, ohne Gott allerdings in seinem Gedankengang stören zu können, denn der fuhr freudig fort: »Gar nix! Außer dem Vertrauen zu mir. Dem Vertrauen! Das nämlich hast du ihm nicht nehmen können, du Saubär!«

»Nu na, nu na!« Irgendwie schien das Gespräch an Niveau zu verlieren, irgendwo dämmerte es dem Teufel, daß er ihm eine andere Wendung geben mußte. Aber wie? Da ihm nichts Besseres einfiel, schaute er scheinbar angespannt auf die Erde.

»Oha, oha!« sagte er aufs Geratewohl.

»Bürstelt er sie?« fragte Gott aufgeregt, während er suchend dem Blick des Teufels folgte. Zunächst ohne Erfolg. Endlich aber – der Teufel hatte nämlich in eine ganz falsche Richtung geschaut – fand Gott den jungen Mann wieder, welcher, offensichtlich vor seiner Haustüre angelangt, dem Mädchen noch einmal nahelegte, sich doch unbedingt den

Hockney-Band anzuschauen, auch könne er ihr, da es ja bereits ein wenig kühl sei, einen Tee bereiten.

»Bürsteltrick Siebzehn«, sagte Gott verächtlich, doch da der Teufel, froh über die Ablenkung, sich weiterer Kommentare enthielt, sahen beide eine Zeitlang schweigend zu, wie der junge Mann mit dem Mädchen zwei Treppen hochstieg, eine Wohnungstür öffnete, seinen Gast in ein möbliertes Zimmer geleitete – offensichtlich lebte er zur Untermiete –, worauf er unter Hinweis auf den versprochenen Tee in der Küche verschwand, wo er auch tatsächlich damit begann, Wasser aufzusetzen und nach einer Kanne zu suchen.

»Apropos Kanne«, sagte der Teufel und griff zum Cognac, während Gott, dem die Zeit ebenfalls lang geworden war, sich wie auch zuvor schon an den Rotwein hielt. »Kuchen gefällig?« fragte er so verbindlich, daß der Teufel sich nicht verkneifen konnte, nach einem eilfertigen »Aber gern« noch ein verschwörerisches »Fast wäre er ja doch naduweißtschonwas« zu äußern.

»Fast wäre wer was?« fragte Gott stirnrunzelnd.

»Dein Knecht Hiob wäre fast –«

»Was fast?«

»Fast abgefallen.«

»Wie bitte?«

»Nu na – doch nur fast … Fast beinahe … Beinahe gar nicht … eigentlich überhaupt nicht …«, haspelte der Teufel. »Aber wenn du zum Schluß nicht deine Rede gehalten hättest, ich meine, ohne diese bombige Rede –«

»Welche Rede?«

»Na, deine Rede an Hiob. ›Weißt du, Hiob, wann es Zeit ist, die Hindin zu schwängern?‹ – diese Rede. Eine ganz großartige Rede. Also ich habe sie jedenfalls gemocht. Ehrlich.«

»Die Hindin?« fragte Gott nachdenklich.

»Nein, deine Rede.«

»Nicht: die Hündin?«

Der Teufel schaute verwundert auf. »Welche Hündin denn?«

Gott nippte mißmutig an seinem Rotwein. »Ich könnte schwören, daß ich von einer Hündin geredet habe und nicht von einer Hindin.«

»O doch! Hindin!« versicherte der Teufel. »Weißt du die Zeit, wann die Gemsen auf den Felsen gebären? Oder hast du gemerkt, wann die Hindin schwanger geht«, fuhr er rezitierend fort. »Hast du gezählt ihre Monden, wenn sie voll werden? Oder weißt du die Zeit, wann sie gebiert?«

»Sie beugen sich«, fiel nun auch Gott ein, »lassen aus ihre Jungen und werden los ihre Wehen. Ihre Jungen werden feist –«, für einen Moment wußten beide nicht weiter, nachdenklich blickten sie auf das Backwerk. »Und immer feister und immer feister«, schlug der Teufel vor, doch nun war es an Gott, ihm auf die Sprünge zu helfen: »Feist und groß im Freien und gehen aus und kommen nicht wieder zu ihnen … So habe ich zu Hiob geredet! Genau so! Ich habe ihn die schwierigsten Sachen gefragt, und er hat alle Antworten gewußt, alle! So einer war er, mein Knecht Hiob! Alles hat er gewußt, einfach alles!«

Gott wäre wohl noch länger so fortgefahren, hätte nicht ein eigenartig gequälter Gesichtsausdruck des Teufels ihn plötzlich veranlaßt, »ist was?« zu fragen.

»Nicht der Rede wert«, beeilte sich der Teufel zu versichern. »Nur …«

»Nur?«

»Nur, daß es sich genau umgekehrt verhielt.«

»Umgekehrt?«

»Oder andersrum«, sagte der Teufel mit einem etwas verrutschten Lächeln. »Oder nein, doch umgekehrt. Ich meine: Hiob wußte nichts.«

»Nichts?«

»Aber so erinnere dich doch«, beschwor der Teufel sein Gegenüber. »Hiob hatte sein Unglück beklagt, und du wolltest ihm beweisen, wie unverständig er war. Mittels deiner Rede. Einer ganz, ganz großartigen Rede übrigens. Schon der Einstieg …«

»Ach ja, der Einstieg«, erwiderte Gott zögernd. »Der Einstieg …« Einen Augenblick lang schwieg er. »Welcher Einstieg?« brüllte er plötzlich.

»Der zu deiner Rede. Dein Rede-Einstieg, um es kurz zu sagen.« Der Teufel erhob seine Stimme: »Wer ist der, der den Ratschluß verdunkelt mit Worten ohne Verstand? Gürte deine Lenden wie ein Mann, ich will dich fragen, lehre mich!«

»Sag mal – wie redest du eigentlich mit mir?« fragte Gott verblüfft.

»Aber so hast doch du mit Hiob geredet!«

»Ich?«

Schon wollte der Teufel abermals nach abschwächenden oder doch beschwichtigenden Formulierungen suchen, als Gott ihn unerwartet der Mühe enthob.

»Ja! Ich!« rief er strahlend aus. »So einer war ich! Hundert Fragen habe ich dem Hiob gestellt, und nicht eine hat er beantworten können, der Nichtsnutz! Nicht eine! Ich fragte: ›Wer bereitet dem Raben die Speise, wenn seine

Jungen zu Gott rufen und fliegen irre, weil sie nichts zu essen haben?‹ Und was antwortete Hiob? Na?«

In gespieltem Unwissen zuckte der Teufel fast überdeutlich die Achseln. »Nichts?« fragte er dann scheinheilig·.

»Nichts!« erwiderte Gott mit Nachdruck. »Und was, meinst du, wußte Hiob auf die folgende Frage zu antworten: ›Meinst du, das Einhorn werde dir dienen und bleiben an deiner Krippe?‹ Nun?«

Der Teufel hielt prüfend das Cognac-Glas gegen die tiefstehende Sonne. »Doch nicht etwa nichts?« murmelte er zögernd, wobei sein »nichts« gar nicht mehr zu hören war, da es vollständig von dem triumphierenden »Nichts!« Gottes übertönt wurde: »Gar nichts! Und auf meine Frage nach dem Strauß – überhaupt nichts! Auf meine Frage: ›Kannst du dem Roß Kräfte geben oder seinen Hals zieren mit einer Mähne?‹ Wieder nichts! Oder als ich ihn über Behemoth und Leviathan ausfragte –«

»Worüber?« fragte der Teufel verwirrt.

»Nilpferd und Krokodil nennt man die heute wohl«, erläuterte Gott.

»Ach ja, richtig«, sagte der Teufel. »Und? Was war da?«

»Nichts, nichts und wieder nichts!« schnaufte Gott begeistert.

»Was ja nicht gerade viel ist!« stimmte der Teufel mit ein.

»Äußerst wenig!« rief Gott glühend.

»So gut wie gar nichts!« übertrumpfte ihn der Teufel.

»Sag ich doch: Nichts, nichts und wieder nichts!«

Für eine Weile schien es so, als hätte Gott das letzte Wort behalten. Der Teufel brummte zwar noch etwas von »Das muß gefeiert werden«, hob auch prostend das Glas, doch dann blickten beide schweigend in die Abendröte, die sich bereits anschickte, der beginnenden Nacht zu weichen.

»Was macht unser Bürstelfreund eigentlich?« sagte Gott plötzlich in die Stille und darauf: »Nein, das gibt's doch nicht!«

»Was?« Der Teufel hatte etwas Mühe, Gottes Zeigefinger zu folgen, aber dann sah auch er den jungen Mann. Der saß nun neben dem jungen Mädchen, doch sie auf einer Couch, während er auf einem Sessel Platz genommen hatte und gerade die Seiten eines großformatigen Buches umblätterte, welches auf dem niedrigen Glastischchen lag, umgeben von einer Teekanne, zwei Teetassen und einem Aschenbecher. Daß Hockney sich ständig um neue Formulierungen des Themas ›Wasser‹ bemüht habe, erläuterte der Umblätternde, bei diesem Bild hier handle es sich um eine extrem unnaturalistische Umsetzung, geradezu abstrakt-dekorativ in seiner betonten Linienführung, das werde besonders deutlich, wenn man es mit ›A bigger splash‹ vergleiche – worauf der junge Mann etwas nervös hin und her blätterte, bis er das Bild mit dem Sprungbrett und dem sehr realistisch aufschäumenden Wasser gefunden hatte –: Da!

»Läuft wohl nicht viel mit Bürsteln«, sagte der Teufel, wobei er allerdings jeden rechthaberischen Tonfall vermied.

»Sieht nicht danach aus …« Stirnrunzelnd beugte sich Gott abermals vor. »Sieht ganz und gar nicht danach aus …« Geistesabwesend starrte er auf den Teufel. »Dabei hätte ich schwören mögen, daß er sie bürsteln würde …«

Nun war es bereits so dunkel, daß die ersten Sterne sichtbar wurden. »Wie heißt er eigentlich?« Gott schaute sich ruckartig um, doch da war niemand, der ihm hätte Auskunft geben können.

»Mir – «, begann der Teufel.

»Mir? Seit wann heißt jemand Mir?« fragte Gott überrascht.

»Nein, nein – mir war so, als habe das Mädchen den Mann vorhin Ewald genannt«, sagte der Teufel, der noch versuchte, ein rasches »Prost auch« anzuhängen, doch so weit kam er gar nicht, denn »Ewald?« sagte Gott und »Ewald!« und dann »Mein Knecht Ewald!« und schließlich, nun schon voller Begeisterung: »Ewald! Das ist mein Knecht Ewald, an dem ich Wohlgefallen habe. Andere mögen meine Gesetze mißachten, ihre Tage sind ein Rauch, und ihre Nächte verbringen sie beim Bürsteln, eine Trauer sind sie mir und ein Ekel, doch da ist einer, der hat seinesgleichen nicht im Lande, der ist schlicht und recht, gottesfürchtig und meidet das Böse – mein Knecht Ewald!«

»Nu na, nu na«, wollte der Teufel zu bedenken geben, irgendwie ging ihm das alles zu rasch; doch da haute Gott feierlich auf den Tisch und fragte: »Willst du ihn nicht versuchen?«

»Wen?«

»Ihn da. Meinen Knecht Ewald.«

»Aber warum denn?« stammelte der Teufel verblüfft.

»Warum hast du denn meinen Knecht Hiob versucht?«

»Aber das war doch was ganz anderes!«

»War genau dasselbe!« Noch immer hämmerte Gott auf den Tisch, doch nun bereits in einem fordernden, fast wütenden Rhythmus. »Knecht ist Knecht. Da wird man schon mal verlangen können, daß er auch in schweren Zeiten zu mir hält.«

»Immer ich!« Der Teufel seufzte auf.

»Wer sonst?«

»Und wie stellst du dir das Versuchen vor?« wollte der Teufel wissen.

»Bin ich der Versucher oder du?« fragte Gott barsch zurück. »Nimm ihm irgendwas weg. Zum Beispiel seine Frauen.«

»Aber er hat doch gar keine.«

»Dann seine Söhne!«

»Hat doch nicht mal Frauen!«

»Dann seine Herden«, verlangte Gott, nachdem er den Gedanken an Töchter selbst verworfen hatte.

»Seine Herden!« Der Teufel griff in gespielter Verzweiflung zur Flasche. »Mitten in der Großstadt?«

»Dann eben seine Herde!«

Der Teufel sah Gott lauernd an, doch in dessen gerötetem Gesicht war kein Augenzwinkern zu entdecken. Daher schien es ihm geraten, einen sachlichen Tonfall anzuschlagen: »Es ist kaum denkbar, daß der junge Mann mehr als einen Herd besitzt, ja selbst dies möchte ich in aller Offenheit bezweifeln, da er ja zur Untermiete wohnt und –«

Gott, der während dieser Ausführungen wie abwesend in die Luft gestarrt hatte, riß plötzlich die Augen auf und sah den Teufel groß an: »Du wirst ihm doch wohl noch irgendwas wegnehmen können? Oder?!«

Der Teufel tat so, als denke er nach. Weshalb war alles immer so schwierig? Warum war sein Glas schon wieder leer? Wieso mußte ausgerechnet er immer in solch ungemütliche Situationen geraten?

»Na?« fragte Gott.

In seiner Verwirrung fiel dem Teufel nichts Besseres ein,

als abermals angeregt auf die Erde hinabzublicken und aufs Geratewohl »Oha! Oha!« zu sagen. Doch diesmal hatte er Glück.

»Ist was?« fragte Gott sich vorbeugend. »Das darf doch nicht wahr sein!« schrie er sodann und schließlich: »Welch eine Ratte! Schau dir doch nur diese Ratte da an!«

»Welche Ratte denn nun schon wieder!?« seufzte der Teufel, während er angestrengt in alle Richtungen blickte. Warum war da unten alles so undeutlich? Wieso wirkte alles derart verschwommen?

»Na, welche Ratte wohl?« Gott deutete erregt zur Erde. »Mein Bürstelknecht Ewald natürlich, wer denn sonst?«

»Bürstelknecht?« Doch nun sah der Teufel es auch: Nicht länger saßen der junge Mann und das Mädchen auf getrennten Möbeln, sondern nebeneinander auf der Couch. Kein Kunstband lag aufgeschlagen vor ihnen, eine entkorkte Flasche und zwei Gläser hatten seinen Platz eingenommen. Nicht mehr um Hockney drehten sich die Reden des jungen Mannes, sondern darum, wie denn das Ding da aufzukriegen sei, womit er offensichtlich den Büstenhalter meinte, an dessen rückwärtigem Teil seine Hände sich unter dem Pullover des Mädchens zu schaffen machten, ohne jedoch auf die erwarteten Haken und Ösen zu stoßen.

»Vielleicht will er ihr lediglich ... also den Rücken ... wollen mal sagen ... kraulen?« fragte der Teufel halbherzig, doch Gott, der bereits zu einer hohnlachenden Antwort hatte ansetzen wollen, wurde dieser Mühe durch das Mädchen enthoben, das plötzlich entschlossen seinen Pullover abstreifte und vor den verwunderten Augen des jungen Mannes – sowie denen der beiden anderen, ihr verborgenen Zuschauer – den Büstenhalter dort aufhakte, wo der junge Mann auf Grund seiner bisherigen Erfahrungen zuallerletzt angesetzt hätte, vorne nämlich, da, wo sich zwischen den Körbchen ein von einer Textilblume verdeckter Verschluß befand.

Für einen Moment schwiegen alle vier, das Mädchen lächelnd, der junge Mann verblüfft, Gott mit einem triumphierenden Seitenblick auf den Teufel, und der mit gespielter Betretenheit. Doch als der junge Mann das zu tun begann, was nach Lage der Dinge unausweichlich zu tun war, wandte sich Gott brüsk vom Ort des Geschehens ab, entriß dem Teufel die Cognac-Flasche, stellte sie knallend auf den Tisch und fragte: »Wie spät haben wir es eigentlich?«

»Nacht«, sagte der Teufel und deutete mit einer schwankenden Handbewegung auf die Sterne, die bereits seit einiger Zeit in vollständigem Glanze erstrahlt waren.

»Vor zehn oder nach zehn?« fragte Gott hart. Der Teufel musterte verlegen das Firmament. Wieso wackelten die Sterne eigentlich so? »Um zehn«, sagte er schließlich, um überhaupt was zu sagen.

»Um zehn ...« Gott überlegte etwas, dann erhob er sich derart plötzlich, daß der Teufel Mühe hatte, das Tischchen und die Flaschen vor dem Umstürzen zu bewahren. »Ich muß noch einmal mit meinem Knecht Ewald reden«, sagte Gott erläuternd und wollte sich bereits zum Gehen wenden, als der Teufel, welcher unvermutet den, wie er sagte, bisher doch sehr netten Abend in Gefahr sah, plötzlich zu unerwarteter Eloquenz und Überzeugungskraft auflief.

Ob es denn nötig sei, daß Gott selber bei seinem Knecht vorspreche, gab er zu bedenken. Ob er damit nicht irgendeinen Stellvertreter auf Erden beauftragen könne? Nein,

nicht den Papst, räumte er auf eine entsprechende Gegenfrage Gottes ein, bis der sich von Rom aus in Trab gesetzt
habe, nein, nein, er denke da an irgend jemanden aus der
Nachbarschaft des jungen Mannes, irgendein Nachbar
könnte doch genauso gut in seinem, Gottes, Namen zu ihm
da unten reden, etwa die – der Teufel überlegte kurz, dann
schaute er Gott aus kleinen, aber glänzenden Augen an –
die Zimmerwirtin. Die habe doch ohnehin darüber zu wachen, daß in ihren vier Wänden der – nennen wir es ruhig
einmal so – Unzucht kein Vorschub geleistet werde, nach
zehn dürfe sie daher jederzeit nach dem Rechten sehen,
Gott brauche also lediglich seinen Geist über sie auszugie-
ßen, den Rest werde diese – und nun riß es den Teufel
fort – ebenso prächtige wie gottesfürchtige Frau sicherlich
zur vollsten Zufriedenheit abwickeln, sie aber, und damit
meine er jetzt den Gastgeber und sich – doch nun ver-
stummte er, da Gott sich ächzend in den Sessel fallen ließ
und eine Weile nachdenklich auf die Tischplatte starrte.

»Die Wirtin?« sagte er schließlich. »Name?«

»Reinig«, antwortete der Teufel, welcher so geistesge-
genwärtig gewesen war, sich das kleine Blechschild an der
Wohnungstür zu merken.

»Liegt wahrscheinlich schon längst im Bett«, brummte
Gott mißmutig.

»Nein, nein, sie wischt gerade noch einmal die Küche
auf«, versicherte der Teufel. »Da!«

»Tatsächlich.«

Eine Weile schauten beide der älteren Frau dabei zu, wie
sie durch die bereits blitzblanke Küche schlurfte und ge-
dankenverloren mit einem befeuchteten Lappen über Flä-
chen, Bleche und Rohre fuhr, dann lehnte sich Gott zurück.

»Wenn du meinst«, sagte er gedehnt, und mit diesen Worten goß er seinen Geist über Frau Reinig aus.

Am nächsten Tag begegnete der Kunstgeschichtestudent Ewald S. in der Mensa seinem Freund, dem Psychologiestudenten Peter M., welchen er mit der Behauptung, er müsse ihm unbedingt etwas erzählen, an einen der unbesetzten Tische zog, um ihm überstürzt folgendes mitzuteilen: Also er, Ewald, habe gestern abend die Gesine, ja, die kleine Anglistin, abgeschleppt, alles sei auch schon prima gelaufen, als plötzlich kurz nach zehn die Wirtin an die Tür geklopft habe. Nein, nein, nicht um Damenbesuch nach zehn sei es ihr gegangen, ja, ja, das wisse er, daß das kein Straftatbestand mehr sei, nein, sie habe vielmehr – aber hoffentlich kriege er das alles noch zusammen, was sie da zusammengeredet habe. Also erstmal habe sie ihn aufgefordert, seine Lenden zu gürten wie ein Mann – möglicherweise habe er beim Öffnen bereits einen etwas derangierten Eindruck geboten –, dann habe sie ihn gebeten, sie zu belehren, worauf ein Wasserfall von Fragen gefolgt sei, die ihm auch jetzt noch, Stunden darauf also, nicht aus dem Kopf gingen. Ob er, Ewald, die Bande der sieben Sterne zusammenbinden oder das Band des Orion auflösen könne. Oder: Wer dem Platzregen seinen Lauf ausgeteilt habe. Oder: Ob er vernommen habe, wie breit die Erde sei. Dann habe es Frau Reinig plötzlich mit den Tieren gehabt. Um Gemsen sei es gegangen, um irgendeine Hindin und um Raben. Dann habe sie des längeren vom Strauß erzählt, dessen Fittich sich fröhlich hebe, der aber seine Eier in der heißen Erde vergesse, da Gott ihm die Weisheit genommen und keinen Verstand zugeteilt habe, und welcher – also der Strauß immer noch – zu der Zeit, da er hoch auffahre, beide verlache, Roß und Mann. Schon wollte der Freund zu Erklärungen ansetzen, schon hatte er den Begriff ›Klassische Paranoia‹ in den Redefluß des erregten Kommilitonen geworfen, als der ihn um Ruhe bat, er müsse zuerst noch den Rest der Ausführungen seiner Wirtin loswerden – soweit er sie überhaupt noch zusammenbekomme. Ja! Da sei es dann längere Zeit um das Nilpferd gegangen, dessen Schwanz sich recke wie eine Zeder und das den Strom in sich schlucke, ohne es groß zu achten, dann aber habe Frau Reinig plötzlich das Thema gewechselt und ihn gefragt, ob er das Krokodil mit dem Hamen ziehen könne und seine Zunge mit einer Schnur fassen. Um sie zu besänftigen, und auch aus Rücksicht auf Gesine – die saß doch die ganze Zeit halbnackt auf der Couch! – habe er diese Fragen strikt verneint, doch die Wirtin sei zu weiteren, immer anzüglicheren Fragen übergegangen, etwa der, ob er mit dem Krokodil wie mit einem Vogel spielen oder es für seine Dirnen anbinden könne. Ob er es wagen würde, die Kinnbacken seines Antlitzes aufzutun – nein! nicht meine, die des Krokodils! – von dem die Frau Reinig noch gesagt habe, ja, wörtlich: Schrecklich stehen seine Zähne umher.

Und das sei nicht alles gewesen, fuhr Ewald beschwörend fort, die Frau habe dem Krokodil noch einen Mund voller feuriger Fackeln angedichtet und ein Herz so hart wie ein unterer Mühlstein, und unten an ihm seien scharfe Scherben, es fahre wie ein Dreschwagen über den Schlamm, und auf Erden sei seinesgleichen niemand, es verachte alles, was hoch ist, es sei ein König über alles stolze Wild – ausgerechnet das Krokodil!

Und dann?

Dann sei die Wirtin auf einmal verstummt und wieder weggeschlurft, doch mit Gesine sei natürlich nichts mehr gelaufen, die habe nach dem ganzen Terror sofort nach Hause gewollt, und er habe sie unter diesen Umständen natürlich auch weder zum Bleiben bewegen können noch wollen – die wahnsinnige Wirtin hätte ja jeden Moment wiederkommen und zu noch handgreiflicheren Belästigungen übergehen können.

Nachdem er bedenklich die Stirn gekraust hatte, stellte der Freund einige gezielte Fragen, dann entwickelte er aus dem Stand mehrere Hypothesen, die schließlich in einer einzigen, der des Sexualneides, zusammenliefen, zu deutlich hätten sich Begriffe durch ihre Reden gezogen wie Lenden, Eier, Schwanz, Hamen – was immer das konkret bedeute –, und vor allem seien ihm die häufigen Anspielungen auf jenen ominösen »Unten«-Bereich aufgefallen, die Frau Reinig wiederum sämtlich dem Krokodil – übrigens ein sicher nicht zufällig sehr schwanzbetontes Tier! – zugeordnet habe, all diese merkwürdigen Mühlsteine und Scherben, welche zweifelsfrei darauf schließen ließen, daß Frau Reinigs Sexualneid in einer tiefen Sexualangst wurzele.

»Nun hör dir doch diese Ratte an«, sagte Gott und stieß den immer noch schlafenden Teufel in die Seite. Der schreckte hoch und blickte aus sehr kleinen, sehr geröteten Augen auf leere Teller, verwüstete Kuchen, umgestürzte Gläser und halbvolle Flaschen, sodann, angestrengt den Kopf hebend, auf sein Gegenüber, das, bereits wieder hellwach und zürnend, auf die Erde deutete. »Welch eine Ratte!« wiederholte er voller Ingrimm. »Welch eine bodenlose Ratte!«

»Er wird sie doch nicht immer noch bürsteln?« fragte der

Teufel verstört, während er verzweifelt versuchte, Gottes Fingerzeig zu folgen. »Nicht doch«, schrie er fast. »Er bürstelt sie in der Mensa? Aber nein«, fuhr er erleichtert fort, »dein Knecht Ewald redet ja nur mit jemandem. Sieht eigentlich ganz nett aus.«

»Wer?«

»Na, der da. Sein Gesprächspartner.«

»Der?« Gott lachte höhnisch auf. »Siehst du denn gar nicht, was der mit meinem Knecht Ewald vorhat?«

»Hat der was mit ihm vor?« Der Teufel riß die Augen auf und bemühte sich, ein Höchstmaß an Aufmerksamkeit an den Tag zu legen. Wenn ihm nur nicht immer der Kopf so hinabgesunken wäre. Warum sank ihm eigentlich der Kopf immer so hinab? »Will er ihn etwa – bürsteln?« fragte er noch, bevor sein Kopf wieder auf der Tischplatte aufschlug.

»Bürsteln? Ach was! Schlimmer! Viel schlimmer! Wenn ich mich nicht sehr täusche, dann ist der gerade dabei, meinen Knecht Ewald zu versuchen!« sagte Gott schneidend.

»Versuchen? Von deinen Gesetzen abbringen und so?« Der Teufel schien betroffen. »Aber das ist doch eigentlich meine Aufgabe!« versuchte er mit einem Rest von Würde zu sagen. Wenn er nur seinen Kopf vom Tisch bekommen hätte! Wieso bekam er eigentlich nicht seinen Kopf vom Tisch?

Gott lehnte sich zurück und blickte prüfend auf den Teufel, welcher schon wieder damit begonnen hatte, unüberhörbar vor sich hin zu schnarchen. »Nicht mehr lange«, schien sein Betrachter zu denken, »nicht mehr lange!« Doch hier sollte die Geschichte wohl besser schließen, denn wer darf schon von sich behaupten, er kenne sich aus in SEINEN Gedanken?

Editorische Notiz

Die Auswahl der Texte besorgte der Autor. Sie wurden folgenden Bänden entnommen:

Die Wahrheit über Arnold Hau. Frankfurt a. M.: Bärmeier & Nikel, 1966. Neuausg. Frankfurt a. M.: Zweitausendeins, 1974
Daraus: »Das Gesetz«, »Die Lehre«, »Die Lesung«.

Es gibt kein richtiges Leben im valschen. Humoresken aus unseren Kreisen. Zürich: Haffmans, 1987.
Daraus: »Die Humoreske«.

Kippfigur. Erzählungen. Zürich: Haffmans, 1986.
Daraus: »Die Erzählung«.

Die Blusen des Böhmen. Frankfurt a. M.: Zweitausendeins, 1977.
Daraus: »Die Fabel«, »Die Legende«, »Die Anekdote«, »Das Märchen«, »Die Kurzgeschichte«, »Die Fliegergeschichte«, »Die Reiseerzählung«.

Letzte Ölung. Ausgesuchte Satiren 1962-1984. Zürich: Haffmans, 1984.
Daraus: »Die Reportage«, »Der Kommentar«, »Der Brief«, »Die Fibel«, »Der Fortsetzungsroman«, »Die Autobiographie«.

Welt im Spiegel 1964-1976. Frankfurt a. M.: Zweitausendeins, 1979.
Daraus: »Die Frage«, »Die Antwort«, »Die Nachricht«, »Die Richtigstellung«, »Die Gegendarstellung«, »Die Klarstellung«, »Der Tip«, »Das Telefongespräch«, »Der Rückblick«, »Das Info«, »Die Hausmitteilung«, »Das Interview«, »Der Spruch«, »Der Slogan«, »Der Aphorismus«, »Die Quizfrage«, »Das Gedenkblatt«, »Der Nachruf«, »Der Aufsatz«, »Das Feuilleton«, »Die Kritik«, »Die Rede« [zus. m. P.

Knorr], »Die Predigt«, »Die Reflexion«, »Das Vermächtnis«, »Das Rätsel«, »Der Witz«, »Die Fallstudie«, »Das Gedächtnisprotokoll«.

»Das Tagebuch«: Erstveröffentlichung; einige Passagen waren bereits in *Der Rabe. Magazin für jede Art von Literatur,* Nr. 34: *Der Tagebuch-Rabe,* hrsg. von Joachim Kersten, Zürich: Haffmans, 1992, abgedruckt.

Textabweichungen gegenüber den Fassungen der Druckvorlagen gehen auf Korrekturen des Autors zurück.

Biographie und Bibliographie

Robert Gernhardt (1937–2006) lebte als freier Lyriker und Schriftsteller, Maler und Zeichner in Frankfurt am Main und in der Toscana. Sein großes literarisches, malerisches und zeichnerisches Werk wurde mit zahlreichen Preisen und Ehrungen, u. a. mit dem Heinrich-Heine-Preis und dem Wilhelm-Busch-Preis, ausgezeichnet. Robert Gernhardts umfangreiches Werk erscheint beim S. Fischer Verlag.

Die Wahrheit über Arnold Hau. Frankfurt a. M.: Bärmeier & Nickel, 1966. Neuausg. Frankfurt a. M.: Zweitausendeins. 1974. [Zus. mit F. W. Bernstein und Friedrich Karl Waechter.]

Ich höre was, was du nicht siehst. Bilder von Almut Gernhardt. Mit Geschichten von R. G. Frankfurt a. M.: Insel Verlag, 1975. – Neuausg. Frankfurt a. M.: Fischer Taschenbuch Verlag, 2012.

Besternte Ernte. Gedichte aus fünfzehn Jahren. Frankfurt a. M.: Zweitausendeins, 1976. [Zus. mit F. W. Bernstein.]

Mit dir sind wir vier. Frankfurt a. M.: Insel Verlag, 1976. [Zus. mit Almut Gernhardt.]

Die Blusen des Böhmen. Geschichten, Bilder, Geschichten in Bildern und Bilder aus der Geschichte. Frankfurt a. M.: Zweitausendeins, 1977.

Was für ein Tag. Eine Geschichte. Mit Bildern von Almut Gernhardt. Frankfurt a. M.: Insel Verlag, 1978. – Neuausg. Frankfurt a. M.: Fischer Taschenbuch Verlag, 2012.

Welt im Spiegel. WimS 1964–1976. Frankfurt a. M.: Zweitausendeins, 1979. [Zus. mit F. W. Bernstein und Friedrich Karl Waechter.]

Ein gutes Schwein bleibt nicht allein. 7 Geschichten von R. G. und 66 Bilder von Almut Gernhardt. Frankfurt a. M.: Insel Verlag, 1980. – Neuausg. Frankfurt a. M.: Fischer Taschenbuch Verlag, 2012.

Die Madagaskarreise. Ein Reisebericht in Zeichnungen. Frankfurt a. M.: Zweitausendeins, 1980.

Wörtersee. Gedichte und Bildgedichte. Frankfurt a. M.: Zweitausendeins, 1981.

Ich Ich Ich. Roman. Zürich: Haffmans, 1982.

Der Weg durch die Wand. 13 abenteuerliche Geschichten zu Bildern von Almut Gernhardt. Frankfurt a. M.: Insel Verlag, 1982. – Neuausg. Frankfurt a. M.: Fischer Taschenbuch Verlag, 2012.

Gernhardts Erzählungen. 120 Bildergeschichten. Zürich: Haffmans, 1983.

Glück Glanz Ruhm. Erzählung, Betrachtung, Bericht. Zürich: Haffmans, 1983.

Katzenpost. Kartengrüße von Missu und Pumpi. Zürich: Haffmans, 1983. – Neuausg. Frankfurt a. M.: Fischer Taschenbuch Verlag, 2012.

Feder Franz sucht Feder Frieda. Eine Geschichte von R. G. zu Bildern von Almut Gernhardt. Frankfurt a. M.: Insel Verlag, 1985. [Zus. mit Almut Gernhardt.]

Hier spricht der Dichter. 120 Bildgedichte. Zürich: Haffmans, 1985.

Letzte Ölung. Ausgesuchte Satiren. Zürich: Haffmans, 1985.

Kippfigur. Erzählungen. Zürich: Haffmans, 1986.

Schnuffis sämtliche Abenteuer. 137 Bildgeschichten. Zürich: Haffmans, 1986.

Die Toskana-Therapie. Schauspiel in 19 Bildern. Zürich: Haffmans, 1986. – Neuausg. Frankfurt a. M.: Fischer Taschenbuch Verlag, 2007.

Was bleibt. Gedanken zur deutschsprachigen Literatur unserer Zeit. Zürich: Haffmans, 1986.

Es gibt kein richtiges Leben im valschen. Humoresken aus unseren Kreisen. Zürich: Haffmans, 1987.

Körper in Cafés. Gedichte. Zürich: Haffmans, 1987.

Innen und Außen. Bilder, Zeichnungen, Über Malerei. Zürich: Haffmans, 1988.

Was gibt's denn da zu lachen? Kritik der Komiker, Kritik der Kritiker, Kritik der Komik. Zürich: Haffmans, 1988.

Hört, Hört! WimS Vorlesebuch. Zürich: Haffmans, 1989. [Zus. mit F. W. Bernstein.]

Achterbahn. Ein Lesebuch. Frankfurt a. M.: Insel Verlag, 1990.

Gedanken zum Gedicht. Zürich: Haffmans, 1990.

Reim und Zeit. Gedichte. Stuttgart: Reclam, 1990. – Neuausg. Stuttgart: Reclam, 2025.

Lug und Trug. Drei exemplarische Erzählungen. Zürich: Haffmans, 1991.

Die Falle. Eine Weihnachtsgeschichte. Zürich: Haffmans, 1993.

Weiche Ziele. Gedichte 1984–1994. Zürich: Haffmans, 1994.

Über Alles. Ein Lese- und Bilderbuch. Zürich: Haffmans, 1994.

Ostergeschichte. Zürich: Haffmans, 1995.

Die Drei. Zürich: Haffmans, 1995. [Zus. mit F. W. Bernstein und Friedrich Karl Waechter.]

Prosamen. Stuttgart: Reclam, 1995. – Neuausg. Stuttgart: Reclam, 2025.

Wege zum Ruhm. 13 Hilfestellungen für junge Künstler und 1 Warnung. Zürich: Haffmans, 1995.

Was deine Katze wirklich denkt. Zürich: Haffmans, 1996.

Gedichte 1954–1994. Zürich: Haffmans, 1996.

Hier spricht der Zeichner. Bildwitze, Cartoons, Comics, Bildergeschichten, Bildgedichte, Photogedichte. Stuttgart: Reclam, 1996. – Neuausg. Stuttgart: Reclam, 2025.

Das Buch der Bücher. Ich Ich Ich / Kippfigur / Lug und Trug. Zürich: Haffmans, 1997.

Lichte Gedichte. Zürich: Haffmans, 1997.

Septemberbuch. Zürich: Haffmans, 1997.

Gernhardts Göttingen. Göttingen: Satzwerk, 1997.

Vom Schönen, Guten, Baren. Bildergeschichten und Bildgedichte. Zürich: Haffmans, 1997.

Erna, der Baum nadelt. Ein botanisches Drama am Heiligen Abend. Zürich: Haffmans, 1998. [Zus. mit Bernd Eilert und Peter Knorr.]

Herz in Not. Tagebuch eines Eingriffs in einhundert Eintragungen. Zürich: Haffmans, 1998.

Klappaltar. Drei Hommagen. Zürich: Haffmans, 1998.

Unsere Erde ist vielleicht ein Weibchen. Zürich: Haffmans, 1999.

Der letzte Zeichner. Zürich: Haffmans, 1999.

Es ist ein Has' entsprungen. Und andere Geschichten zum Fest. Zürich: Haffmans, 1999. [Zus. mit Bernd Eilert und Peter Knorr.]

In gemeinsamer Sache. Gedichte über Liebe und Tod, Natur und Kunst. Zürich: Haffmans, 2000. [Zus. mit Peter Rühmkorf.]

In Zungen reden. Stimmenimitationen von Gott bis Jandl. Frankfurt a. M.: Fischer Taschenbuch Verlag, 2000.

Robert Gernhardt entdeckt Heinrich Heine. Hamburg: Europa-Verlag, 2001.

Berliner Zehner. Hauptstadtgedichte. Zürich: Haffmans, 2001.

Im Glück und anderswo. Gedichte. Frankfurt a. M.: S. Fischer, 2002.

Meer von Gernhardt. Hamburg: mare Verlag, 2002.

Hell und schnell. 555 komische Gedichte aus 5 Jahrhunderten. Hrsg. von Robert Gernhardt und Klaus Cäsar Zehrer. Frankfurt a. M.: S. Fischer, 2004.

Die K-Gedichte. Frankfurt a. M.: S. Fischer, 2004.

Montaieser Bestiarium. Rolandseck: Rommerskirchen, 2004.

Gesammelte Gedichte. Frankfurt a. M.: S. Fischer, 2005.

Das Ungeheuer von Well Ness. Die 7 Säulen des Wohlseins. Frankfurt a. M.: S. Fischer, 2005. [Zus. mit Bernd Eilert und Peter Knorr.]

Später Spagat. Gedichte. Frankfurt a. M.: S. Fischer, 2006.

Denken wir uns. Erzählungen. Frankfurt a. M.: S. Fischer, 2007.

Kippfiguren. Robert Gernhardts Brunnen-Hefte. Marbach a. N.: Deutsche Schillergesellschaft, 2007.

Weiße Weihnacht an der Côte d'Azur. Hrsg. von R. G. und Johannes Möller. Frankfurt a. M.: Fischer Taschenbuch Verlag, 2007.

Was das Gedicht alles kann: Alles. Texte zur Poetik. Hrsg. von Lutz Hagestedt und Johannes Möller. Frankfurt a. M.: S. Fischer, 2009.

Toscana mia. Hrsg. von Kristina Maidt-Zinke. Frankfurt a. M.: S. Fischer, 2011.

Hinter der Kurve. Reisen 1978–2005. Frankfurt a. M.: S. Fischer, 2012.

Wenn schöne Frauen morgens sich erheben. Ein Lesebuch mit Bildern. Hrsg. von Johannes Möller, Frankfurt a. M.: Edition Büchergilde, 2012.

Das große Lesebuch. Hrsg. von Kristina Maidt-Zinke. Frankfurt a. M.: S. Fischer, 2017.

Der kleine Gernhardt. Hrsg. von Andrea Stoll. Frankfurt a. M.: S. Fischer, 2017.

Weihnachten mit Robert Gernhardt. Hrsg. von Johannes Möller. Frankfurt a. M.: Fischer Klassik, 2017.

Nachlese

Will jemand in diesen Breiten und Zeiten Schriftsteller werden, dann tut er gut daran, möglichst früh mit eigener, unverwechselbarer Stimme zu reden. Wie schon im Sturm und Drang selig verlangt die Leserschaft trotz aller Totsagungen der Person und Grablegungen des Individuums auch heute noch das Original mit der unerhörten, bisher noch nie gehörten Sprache, und argwöhnisch achtet eine äußerst belesene Kritik darauf, ob das neugeschaffene Werk fremde Einflüsse aufweist: schlecht; oder ob es dem Autor gelungen ist, sich bereits mit seinem ersten Buch freizuschreiben: gut.

Und es kann ja auch gutgehn. Eine einzige Nacht genügte einem jungen, unbekannten Prager Schriftsteller, einen Ton anzuschlagen, welcher seither fester Bestandteil des Weltliteraturkonzerts ist, und er scheint dies geahnt zu haben. Am 23. 9. 1912 trägt er in sein Tagebuch ein: »23. September. Diese Geschichte ›Das Urteil‹ habe ich in der Nacht vom 22. bis 23. von zehn Uhr abends bis sechs Uhr früh in einem Zug geschrieben […] Wie alles gesagt werden kann, wie für alle, für die fremdesten Einfälle ein großes Feuer bereitet ist, in dem sie vergehn und auferstehn […] Nur so kann geschrieben werden, nur in einem solchen Zusammenhang, mit solch vollständiger Öffnung des Leibes und der Seele.«

Viele haben es seither Kafka nachtun wollen, was freilich in den meisten Fällen darauf hinauslief, daß sie Kafka nachmachten; ihn oder einen der anderen Meister, den sie sich insgeheim zum Schreibvorbild erwählt hatten, stets in der Furcht, es könnte ihnen jemand draufkommen, welchen.

Wie und wo aber sollen die angehenden Schriftsteller lernen, wenn sie bei niemandem in die Schule gehen dürfen? Wie selber Meister werden, wenn ihnen das Unmögliche abverlangt wird, als niemandes Geselle bereits im zarten Jünglingsalter meistergleich vom Himmel zu fallen? Die vorliegende Sammlung unternimmt den Versuch, einen Ausweg aus dem Dilemma aufzuzeigen: meinen. Gut möglich, daß er nur für mich gilt, vielleicht handelt es sich auch weniger um einen Aus- denn um einen Ab-, wenn nicht Irrweg; doch erstens kann man auch aus den Fehlern anderer lernen, und zweitens ist das letzte Wort in dieser Sache noch nicht gesprochen, im Gegenteil. Jetzt erst geht es richtig los:

Es war einmal ein Knabe, nennen wir ihn G., den niemals der Ehrgeiz plagte, ein ernsthafter Schriftsteller zu werden. Auch kein unernster, sei hinzugefügt, vielmehr gar keiner. Zum Maler nämlich fühlte er sich berufen, als Maler verbrachte er lange, stille Stunden vor Zeichenpapier und Leinwand. In der Zeit aber, in welcher er weder zeichnete noch malte, las er meistens, und das sollte nicht ohne Folgen bleiben. Denn was immer er las, ob Zeitung oder Lehrbuch, Anekdote oder Märchen, Krimi oder Zeitroman – stets sprachen die Stimmen in seinem Kopfe weiter, nicht nur unmittelbar nach der Lektüre, sondern auch noch nach Tagen, ja Wochen, und manchmal wußte er sie nicht anders zum Schweigen zu bringen als dadurch, daß er das Malen unterbrach und niederschrieb, was ihm da so gerade durch den Kopf ging.

Das Schicksal fügte es, daß er an der Berliner Hochschule für bildende Künste Fritz Weigle alias F. W. Bernstein traf, einen ähnlich veranlagten Maler, und nun begann die

Sache Spaß zu machen. Neben der Malerei studierten die beiden Germanistik – für angehende Kunsterzieher war ein Beifach obligatorisch –, und was immer an Tonfällen, Redeweisen und Mitteilungsformen über ihren Studienweg lief, wurde verwertet, besser gesagt verwurstet: Ob Nibelungenepos oder Barockschwank, Alexandriner oder Schäferdichtung, Schicksalsdrama oder Absurdes Theater – alles wurde daraufhin abgeklopft, ob Geisteshaltung oder Sprachmaterial jene hohltönenden Stellen aufwies, in welchen latente Komik nistete bzw. sich komikträchtiger Nährboden angesammelt hatte, welcher seinerseits komische Keime zum Erblühen bringen konnte. Ein Vorgehen, das in simpler Parodie oder schlichter Travestie hätte versanden können, wäre ihm nicht jede Tendenz gleichgültig, ja fremd gewesen: Nicht um Kritik an überlebten Ausdrucksweisen ging es den beiden oder um die Bloßstellung obsoleter Inhalte – Ziel war stets das eigene Vergnügen, und erlaubt war alles, was es steigerte.

»It's more fun to compete« kann man an Spielautomaten lesen, eine Erfahrung, die auch unsere beiden Helden machten. Um die Wette schrieben sie Pseudo-Essays und Kürzestdramen, kunstvolle Beschimpfungen der Heimatstadt des je anderen und Preisgesänge auf die je eigene, vor allem aber, angeregt durch den Fund in einer Krabbelkiste, Goethe-Anekdoten, ein Unterfangen, für das sie auch andere Maler-Kollegen zu begeistern wußten, so daß das Schreiben in den eigentlich der Bildkunst vorbehaltenen Ateliers kein Ende nehmen wollte.

Das freilich kam rascher als gedacht. 1964 wurde aus Spaß Ernst: Die beiden Gelegenheitsschreiber traten in die Redaktion der knapp zwei Jahre alten Satirezeitschrift *par-*

don ein und sahen sich unversehens gehalten, die bisher lediglich vom Lustprinzip gesteuerte Stimmensuche und Stimmenverwertung systematisch zu betreiben. Vom September '64 an hatten sie, zusammen mit F. K. Waechter, monatlich eine *Welt im Spiegel*, kurz WimS genannte, Nonsens-Doppelseite zu füllen, und da sie diese Recherche ganze elf Jahre lang betrieben, bis 1976, kam mit der Zeit ein regelrechtes Stimmengewirr zusammen, so viel jedenfalls, daß G., darum gebeten, analog zu seiner Gedichtsammlung *Reim und Zeit* eine Auswahl seiner Prosa zu treffen, beschloß, statt einer »Best of Gernhardt«-Blütenlese eine Hommage an all jene Stimmen zusammenzustellen, die ihn zum Schreiben verlockt, verführt und manchmal geradezu genötigt hatten. Ende des berichtenden bzw. erzählenden Teils dieser Nachlese; betrachten wir kurz – und ab jetzt in der Ersten Person Singular – was da an Stimmen zusammengekommen ist und wie sich das Gewirr einigermaßen sinnvoll entflechten läßt.

Vielleicht hilft die folgende Behauptung weiter: Vor bzw. außer allem persönlichen Sprechen gibt es zwei weitere Sprechweisen, die unpersönliche und die überpersönliche. Unpersönlich sind viele journalistische Mitteilungsformen; Prototyp unpersönlichen Sprechens ist die Nachricht, die, zumindest im klassischen Journalismus, durch keinen Tropfen Kommentars verwässert oder getrübt werden darf. Unpersönlich geben sich ferner viele der Nachricht verwandte Mitteilungen, auch solche außerhalb der Zeitung: Der Hinweis, der Tip, die Regel, das Rezept, die Gebrauchsanweisung, der Lehrsatz, die Haus-, Park-, Badeordnung, das Gesetz – alles Texte, die für den Druck und das Gelesenwerden bestimmt sind, überwiegend straffe

Mitteilungsformen jüngeren Datums, die es hier und da immer noch schwer haben, sich in gebotener Bündigkeit zu etablieren – wer jemals in eine italienische Tageszeitung geblickt hat, der weiß, daß dort Nachrichten noch immer gerne erzählt werden: »Certaldo. Es war ein dunkler, regnerischer Morgen, als die vier unausgeschlafenen Männer jenen Kleinbus bestiegen, der ihr Schicksal werden sollte. Doch davon wußte Antonella S. noch nichts, als sie ihrem Gatten wie gewohnt (Fortsetzung auf Seite 14).«

Überpersönliche Mitteilungsformen hingegen haben ihren Ursprung nicht in Schreib-, sondern in Redeweisen: Das Gebet, der Schwur, die Klage, der Fluch, die Weissagung, der Zauber, die Predigt, die Rede – sie alle gab es vor jeder Schrift, und doch sind sie uns Heutigen, zumindest in Schwundformen, immer noch geläufig: »Abrakadabra, dreimal Schwarzer Kater ...«

Überpersönlich sind schließlich viele Erzählformen, die der fixierten Literatur vorangegangen sind, also Rätsel, Märchen, Sage, Legende, aber auch solche, die als eingeführte literarische Genres nicht dem einmaligen Ausdruck eines einzigartigen Autoren-Ichs dienen, sondern sich samt Verfasser in den Dienst von Leser-Erwartungen stellen, egal ob dieser Leser nun lachen will und deshalb zur Humoreske greift, oder weinen, weshalb er dem Liebes- und Schicksalsroman den Vorzug gibt, oder sich entladen, wobei sich ein Porno als hilfreich erweisen kann.

Wer die vorliegende Sammlung aufmerksam durchblättert, wird bemerken, daß in ihr einige der soeben genannten alteingeführten Mitteilungsformen fehlen, während sich andere finden, welche ihrer etwas wackligen Benennung wegen mit Mißtrauen zur Kenntnis genommen werden dürften: »Fliegergeschichte? Was nicht gar! Warum nicht auch Radlergeschichte? Oder Paddlergeschichte?«

Ja, warum eigentlich nicht?

Wie immer – eine Schneise ins Dickicht einer nichtpersonengebundenen Literatur ist geschlagen worden: Hereinspaziert und weitergerodet, weiterkultiviert, meinetwegen auch weitergeplündert! Statt vom »Dickicht der Literatur« nämlich könnte man auch vom »Schatzkästlein der Sprache« reden, von einem Fundus, aus welchem sich jeder je nach Bedarf bedienen kann, ohne dafür als Plagiator gescholten zu werden: Wer un- oder überpersönliche Schreib- oder Redeweisen nachmacht oder verfälscht oder nachgemachte oder verfälschte un- oder überpersönliche Schreib- oder Redeweisen in Umlauf setzt, wird mit Lust-, manchmal auch mit Erkenntnisgewinn belohnt; und wenn alles gut geht, fällt davon sogar etwas für den Leser ab. Sela.

Zum Abschluß noch drei, vier Anmerkungen zu meinen Lesefrüchten bzw. meinem Beutegut.

Nicht alle Beiträge stammen aus der *Welt im Spiegel*, nicht alle füllen die vorgegebene Form mit erfundenem, wie immer komischem Inhalt. Die »Reportage« im ersten, das »Tagebuch« im zweiten, das »Gedächtnisprotokoll« oder die »Autobiographie« im dritten Teil wollen das Versprechen der Überschrift korrekt erfüllen, da in allen Fällen erlebte, ja erlittene Inhalte mitgeteilt werden.

Auch der »Brief« ist der Realität verpflichtet. Er erschien in der *Titanic*-Rubrik »Briefe an die Leser« und stützt sich auf Originalzitate aus der *art*-Werbung.

Der »Kommentar« fällt dadurch aus dem Rahmen, daß die Stimmenimitation ausnahmsweise tendenziös ist, also satirischen Zwecken dient. Das gleiche gilt für die Sprache des »Fortsetzungsromans«. Um die Freicorpsmentalität der Dregger und Wörner angemessen verbalisieren zu können, mußte ich mich durch einen vollständigen Freicorps-Roman Edwin Erich Dwingers lesen, *Die letzten Reiter*, die in der Tat das Letzte sind. Wer jedoch auf Grund sprachlicher Ähnlichkeiten – »doch mein MG hatte bereits zu reden begonnen« – auch hinter der »Fliegergeschichte« satirische Absichten vermutet, tut diesem Textchen zuviel der Ehre an. Ich schrieb es nach zufälliger Gute-Nacht-Lektüre der Memoiren des Ernst Udet, eines sogenannten Fliegerasses aus dem Ersten Weltkrieg, und ich tat es – mal sehn, ob man den Unfug in Unsinn überführen kann –, um die lästige Stimme so rasch wie möglich wieder loszuwerden und mit ihr ihre nervende Botschaft: »Gegner in der Luft, Kameraden auf der Erde«.

Die »Rede« und das »Rätsel« entstanden in Zusammenarbeit mit Pit Knorr.

Ein Fall für sich ist die »Reiseerzählung«. Sie stammt aus der ersten Hälfte der 70er und ist die Frucht von Versuch und Selbstversuch: Ich versuchte so hart an der sprachlichen Schmerzgrenze entlang zu schreiben, daß ich mich selber immer wieder versucht sah, das Experiment abzubrechen. Ich hielt durch; nicht zuletzt deswegen, weil ich mich in meinem Bestreben, zur Abwechslung mal nicht die bestmögliche, sondern möglichst schlechte Arbeit zu leisten, in guter Gesellschaft wußte. Schlag nach bei Giorgio Vasari, dem Zeitgenossen Michelangelos und Biographen der italienischen Renaissance-Künstler, Band V und Seite 429 der Cotta'schen Ausgabe von 1847: »In seiner Jugend, da Michelangelo einmal mit befreundeten Malern zusammen war, scherzten sie beim Abendessen, wer eine Figur darstellen könne, die gar keine Zeichnung habe, die häßlich sey, gleich den Fratzen derjenigen, die gar nichts verstehen und die die Mauern besudeln. Hier half ihm sein Gedächtnis, denn er erinnerte sich auf einer Mauer eine derartige tölpische Figur gesehen zu haben, er stellte sie dar, gleich als ob sie ihm eben erst vor Augen gewesen sey und übertraf damit alle Maler; eine schwierige, nicht leicht mit Geschick zu lösende Sache für einen in der Zeichnung so herrlichen und an ausgesuchte Dinge gewöhnten Meister.«

Die »Erzählung« schließlich stellt den Grenzfall dar: Schon sieht sich der Autor gehalten, mit eigener Stimme zu reden – so, wie er es auch in den anderen Erzählungen tut, die sich neben »Das Buch Ewald« in seiner *Kippfigur* betitelten Erzählsammlung finden –, doch tut er dies im Duett mit einer nun wirklich vollkommen überpersönlichen Zweitstimme, der Gottes, zitiert und paraphrasiert nach dessen bombiger, im »Buch Hiob« veröffentlichter Originalrede.

Zu guter Letzt sei zwei Unterstellungen entgegengetreten:

»Aber André Jolles ... der Autor weiß vermutlich gar nicht, daß André Jolles bereits 1929 in seinem Standardwerk *Einfache Formen* ...« Doch, der Autor weiß davon, er hat das Buch sogar mit leichter Verwunderung gelesen: Was – nur neun? Mehr einfache Formen hat der nicht zu bieten?

Sowie: »Daß Schriftsteller auf eine eigene Stimme verzichten, ist doch ein alter Hut! Hat der Autor denn noch nie etwas von Briefromanen, fiktiven Chroniken und von Pseudodokumentationen wie *Die Iden des März* von Thornton Wilder gehört?«

Doch, hat er. Aber nicht um die Nutzung disparater Stimmen für die Hochliteratur geht es ihm, sondern um Ermunterung. Darum, daß es auch ein Schreiben unterhalb bzw. außerhalb allen Kunstanspruchs gibt und daß sich angehende Schreiber ruhig trauen sollten, nicht gleich Ich zu sagen. Wenn sie sich zuvor erst einmal etwas umgehört und ein wenig in fremden Stimmen geredet haben, wird ihnen die eigene Stimme um so kostbarer und eigenartiger vorkommen. Ihnen und, wenn alles gut geht, auch ihren Lesern.